Mag. Ingo IRKA: Studium der Psychologie und Philosophie an der Universität Salzburg und seit einigen Jahren unterrichtender Professor am BORG Linz.

Ich möchte dieses Buch meiner ganzen Familie und meinen engsten Freunden widmen.

Ingo Irka

Endlich Raucher

Mein Weg in die Sucht

© 2018, Ingo Irka

Autor: Ingo Irka
Umschlaggestaltung, Illustration: Ingo Irka
Lektorat, Korrektorat: Ingo Irka
Übersetzung: Ingo Irka

Verlag und Druck: tredition GmbH, Hamburg
ISBN: 978-7482-0859-4 (Paperback)
ISBN: 978-7482-0860-0 (Hardcover)
ISBN: 978-7482-0861-7 (e-Book)

Bibliografische Information der Deutschen Nationalbibliothek:
Die Deutsche Nationalbibliothek verzeichnet diese Publikation in
der Deutschen Nationalbibliografie; detaillierte bibliografische Daten sind im Internet über http://dnb.d-nb.de abrufbar.

Inhaltsverzeichnis

Vorwort und Danksagung

Rauchen ist ein Laster und noch dazu ungesund, das wissen wir alle. Und wir wissen auch, dass es mittlerweile genügend spezifische (Fach-)Literatur gibt, die sich dieser Thematik widmet. Überall werden Patentrezepte bereitgestellt, wie man sich dem Laster wieder entsagen könnte. Viele gute Tipps werden verteilt. Viele gute Ratschläge werden angeboten. Viel wird gepredigt. Zu viel, wie ich meine. Insofern schlägt das hier vorliegende Buch nicht in dieselbe, inflationär verwendete *Ratgeberkerbe*. Der Inhalt erhebt nicht den Anspruch jemand anderen zu belehren oder vom Rauchen abzubringen. Es ist vielmehr *ein persönlicher Versuch, sich das Laster „Rauchen" mit dem Schreiben eines Buches über das Laster „Rauchen" wieder abzugewöhnen*. Schreiben, als mögliche Therapieform für mein Raucherproblem, sozusagen. Schreiben über die Gründe des „Warum" und „Wieso". Warum bin ich diesem Laster verfallen? Seit wann befinde ich mich in diesem Zustand? Wo könnte es passiert sein? Vielleicht finden sich ja mit den Antworten auch die Gründe, es wieder aufzugeben. Dieses Buch ist letztlich also das Resultat eines Versuchs. Nicht mehr und nicht weniger. Es erforscht meine Vergangenheit und spiegelt in autobiografischer Form die potenziellen Stationen meiner Raucherkarriere wider. Angefangen von der Geburt, bis in die Jugendzeit. Es wird dabei versucht mithilfe von wissenschaftlichen Theorien die möglichen Beweggründe meines Beginns und meines Konsums zu untermauern. Und wer weiß, vielleicht ist solch eine geschriebene Zeitreise, noch dazu mit der Wissenschaft im Gepäck der Schlüssel zu meinem fortan rauchfreien Leben. Der Countdown läuft, Tick Tack, Tick Tack…

Ich möchte mich an dieser Stelle bei allen bedanken, die mir während des Schreibens zu Seite gestanden sind und mich unterstützt haben. Ohne sie wäre vielleicht alles anders gekommen:

Ein großer Dank gebührt an erster Stelle natürlich meiner Mutter und meinem Vater. Sie beide haben mich mit allerlei Informationen vergangener Tage und verloren geglaubten Erinnerungen „versorgt". Ihnen ist es anzurechnen, dass so manches Kapitel viel detaillierter und exakter von mir bearbeitet werden konnte, als ursprünglich gedacht. Mit ihren vielen Erinnerungen an mein Leben haben sie den inhaltlichen Grundstein dieses Buches ganz klar mit gesetzt.

Der Dank gilt auch allen Freunden und Bekannten von mir, die ihr Gedächtnis für meine Zwecke geschärft haben und mit ihrem Zutun beim Aufarbeiten meiner Kindheitserlebnisse einige relevante Beiträge geleistet haben.

Weiter, möchte ich mich bei meiner Lebensgefährtin bedanken, die mich die gesamte Schaffenszeit über unterstützt hat. Und das, ungeachtet meiner Launen und zeitweiligen Blockaden. Ihr gutes Zureden und ihr offenes Ohr während so manchen zermürbenden Phasen mache ich mitverantwortlich für das schlussendliche Gelingen dieses Buches.

Und nicht zuletzt, möchte ich mich bei meinen beiden Söhnen, Niklas und Tobias bedanken. Sie haben mit der gefühlt hundertfach gestellten Frage: „Papa, warum rauchst du eigentlich?", den Stein, dieses Buch zu schreiben schlussendlich überhaupt erst ins Rollen gebracht. Ohne ihre kindliche Neugier wäre meine eigene Neugier nach dem „Warum" wohl mit dem ersten geschriebenen Wort bereits wieder *verraucht*.

Ingo Irka

Einleitung

Stellen Sie sich vor, es ist Sonntag. Es ist ein eiskalter Wintermorgen. Die Uhr hat noch nicht einmal Sieben angezeigt und Sie liegen noch träumend in Ihrem warmen Bett. Draußen herrschen wieder Temperaturen weit unter dem Gefrierpunkt und die Eisblumen an der Fensterscheibe lassen nicht so schnell auf Besserung hoffen. Einige vereinzelte Motoren brummen bereits durch die Morgenstille. Wahrscheinlich ein paar gute Väter, die dick eingemummt auf dem Weg zur nächsten Backstube sind. Ihre Frau ist auch bereits aufgestanden und gießt sich die erste Tasse Kaffee ein, während sie in der Sonntagszeitung nach dem Kreuzworträtsel und dem Sudoku blättert. Hin und wieder hört man unten im Hof noch die letzten Katzen klagend Einlass in die Häuser suchen. Doch was man noch hört, an diesem kalten Morgen ist etwas ganz anderes:

Es ist etwas, das Sie nur allzu gut kennen. Etwas, das wie eine Lawine heranrollt. Ein Geräusch in Ihrem Kopf, das Sie am liebsten nie wieder hören würden. Und Sie merken, wie es Sie Stück für Stück aus Ihrem Schlaf reißt. Schneller und schneller. Es naht und immer lauter hämmert es in Ihren Gehirnwindungen. Bis Sie schließlich gar nicht mehr anders können, als Ihre Augen aufzuschlagen, um sich mit einer Mischung aus Müdigkeit, Ärger und einer beträchtlichen Portion Willenlosigkeit die ersten, entscheidenden Fragen an diesem frühen Sonntagmorgen zu stellen: *Sind von gestern eigentlich noch Zigaretten übrig geblieben? Habe ich am Abend nicht noch ein Päckchen gekauft? Wo habe ich meine Zigaretten hingelegt?* Solcherart Fragen sind es, die Sie an dem Morgen hochschrecken lassen und den weiteren Weg des Tages vorgeben. Und erst mit der definitiven Beantwortung dieser Fragen wird sich herausstellen, ob diesem Sonntag eine gewisse Ruhe innewohnen wird oder ob auch Sie in den nächsten paar Minuten den Motor aufbrummen lassen. Sie werden dann auch dick vermummt Ihr Auto lenken. Aber nicht zum Bäcker, sondern zum Zigarettenautomat. Von diesem Umstand wird der Tagesbeginn maßgeblich abhängen. Die Parameter für einen guten Tagesbeginn sind bei Rauchern ja grundsätzlich wie folgt gesetzt: Zigaretten im Haus, guter Start in den Tag. Zigaretten noch im Automaten, der gute Start muss noch warten. Nur wenn Sie also noch schlaftrunken im dünnen Pyjama das wärmende Bett verlassen; wenn Sie bei Minustemperaturen vor dem Frühstück oder Zähneputzen in dicken Pantoffel den spiegelblanken Weg auf die Terrasse suchen; wenn Sie das Feuerzeug bereits im Anschlag halten; wenn Sie die Zigarette anzünden, um schließlich den ersten Lungenzug des Tages zu machen, dann verspricht es im Sinne des Rauchers auch ein annehmbarer Feiertag zu werden. Alles andere wäre für Sie das, was man einen gebrauchten Tag nennt. Den offiziellen Beginn des Tages nicht wahrgenommen und selbst verschuldet erst auf halber Wegstrecke zugestiegen. Nun denn, um die Anfangsfrage nochmals aufzugreifen: Können Sie sich solch ein beschriebenes Szenario vorstellen? Ein Tag, an dem Ihr persönliches Wohl und Wehe sich streng genommen auf nur einen einzigen Faktor reduzieren lässt: Die Verfügbarkeit von Nikotin! Falls nicht, dann haben Sie zumindest in dieser Hinsicht bereits etwas richtig gemacht und nie mit dem Rauchen begonnen. Wenn Sie sagen, dass es eine für Sie nicht nachvollziehbare Situation ist, dann haben Sie eine durchweg kluge Entscheidung gefällt. Nämlich dem Nikotin bzw. Tabakkonsum von je her abzuschwören und auch niemals damit anzufangen. Zu diesem Entschluss möchte ich Ihnen an dieser Stelle gleich ganz herzlich gratulieren!

Wie sieht es aber aus, wenn Sie sich nicht zu jener Personengruppe zählen? Wie sieht es aus, wenn Sie zu jenen zählen, die geradewegs etwas zutiefst Autobiographisches in dieser Vorstellung eines typischen Rauchermorgens festmachen? Was, wenn Sie sogar wissen, dass Irrationalität Ihren Verstand an solchen Morgen mit einem einzigen Gedankenzug Schachmatt setzt. Dann lassen sich in weiterer Folge eigentlich nur noch zwei Optionen darlegen: Entweder Sie sind nach wie vor selbst Raucher und gehören damit zu den weltweit etwa 930 Millionen Tabakkonsumenten.[1]

Oder aber Sie gehören der Minderheit der ehemaligen Raucher an. Betroffene, die sich dieses Laster abgewöhnen konnten. Rauch*frei* nach Rauch*zwang*, *Ent*wöhnung nach *An*gewöhnung, Lebens*qualität* und nicht Lebens*qual*. Diese Menschen kennen beide Seiten der Medaille. Sie haben bereits in die Abgründe menschlichen Rauchverhaltens geblickt und es dennoch geschafft, ihr Leben endlich wieder rauchfrei aufzustellen. Ob dies nun mit externen Hilfsmaßnahmen geschehen ist (Verhaltenstherapie, Akupunktur usw.) oder letztlich ohne Fremdhilfe ist dabei unerheblich. Was unter dem Strich zählt ist nur die Tatsache, dass man seinem Willen, dem Rauchen abzuschwören konsequent nachgegangen ist. Die Sonntage kann man nun wieder ganz suchtfrei in Angriff nehmen. Ohne den quälenden Gedanken an die unverzichtbare Morgenzigarette im Pyjama.

---

[1] *Wiederholungstäter* dürfen der Einfachheit halber auch zu eben jener, zweiten Kategorie gezählt werden.

Welcher dieser drei Gruppierungen ich mich fortan zugehörig fühlen möchte, dürfte nach all dem bisher Gesagten wohl nicht mehr allzu schwer zu erraten sein. Ganz recht, es ist natürlich die letzte Gruppe – die ehemaligen Raucher. Alle, die nach einer mühevollen Phase der Einsicht endlich wieder den klaren Weg der Nichtraucher beschreiten. Ich selbst bin mittlerweile 43 Jahre alt. Jünger wird man nicht! Die ersten kleinen Wehwehchen stellen sich auch bereits ein. Ich denke, es ist an der Zeit, eine andere Richtung einzuschlagen. Ein Sünder, der wieder auf den Pfad der Gerechten zurückfindet und mehr Anerkennung und Respekt erfahren sollte, als jene, die zeitlebens immer gerecht waren.

Doch wie kann man dem Mammutprojekt „Rauchfrei" den nötigen Vorschub leisten? Wie kann man wieder zurückfinden auf diesen Weg der Gerechten? Soll man sich künftig vor dem blauen Dunst durch Hypnose fernhalten? Soll man sich die Ohrläppchen löchern lassen? Mit den Heilansätzen der Akupunktur das Nikotinverlangen einzudämmen versuchen? Macht es Sinn, sich Tabakpflaster aufzukleben oder sich mittels Softlaser behandeln zu lassen?

Oder sollte man sich vielleicht auf etwas völlig Neues, anderes einlassen? Auf etwas Selbsttherapeutisches. Etwas, das neben der Verwendung konventioneller Hilfsmittel die Möglichkeit auf Erfolg langfristig noch mehr steigen lässt. Etwa ein Buch zu schreiben über das Rauchen? Die Inspiration und Intention hierfür könnten lauten: Mit jedem Wort, das ich mir von der Raucherseele schreibe, wird der Körper gesünder und reiner. Und wenn schließlich ein ganzes Buch geschrieben ist, dann hat sich alles Teer und alles Nikotin der Lunge gewandelt in beschriebene Seiten. In schwarze Buchstaben und Wörter. Und mit dem letzten teergetunkten Wort, der endgültigen Zeile der Rauchergeschichte, hat man auch das Rauchen endgültig aufgegeben. Nie wieder eine Zigarette. Kein Tabak, der die Lippen je wieder berühren wird, denn das Buch ist beendet und es findet sich kein Platz mehr darin. Diese Vorstellung hätte doch etwas Erhabenes und Schönes. Und je mehr man über diesen Gedanken nachdenkt, desto mehr kann man sich mit ihm auch anfreunden. Nikotinpflaster am Körper, Akupunkturstäbchen im Ohr und bereitwillig am Schreibtisch sitzend und sich den ganzen Dreck von der Seele schreibend. Es hat sogar etwas Tröstendes und Motivierendes zugleich. Vielleicht habe ich wirklich gute Chancen mich selbstfindend im Akt des Schreibens meiner Sucht sukzessive zu entsagen. Nicht das Lesen, sondern das Schreiben eines Buches über das Rauchen als therapeutische Alternative. Schreiben als Entwöhnungskur! Hört sich doch gewinnbringend an und lässt einen im ersten Moment auch positiv gestimmt aufblicken. Der Computer zum Schreiben ist vorhanden. Die automatische Fehlerkorrektur ist eingestellt. Zeit und Ort des Schreibens können frei eingeteilt werden. Die Rahmenbedingungen wären also abgesteckt. Nichts stünde momentan dem Vorhaben im Wege. Diese subversive Stimmung weicht jedoch spätestens bei detaillierterer Betrachtung der Sachlage. Bereits vor dem ersten Tastenanschlag sieht man sich nämlich plötzlich mit ganz anderen Problemen konfrontiert:

Wie geht man an solch ein Buch überhaupt heran? Wie nähert man sich dem Themengebiet, welche Quellen wählt man? Jede getroffene Entscheidung kann ja den Tod von Millionen anderer Möglichkeiten bedeuten. Doch vor allem: Mit welchen Inhalten befüllt man so ein persönlich motiviertes Werk? Es existieren doch bereits mannigfaltig Bücher, die sich der Problematik des Rauchens angenommen haben. Nikotinratgeber, medizinische Fachliteratur, wissenschaftliche Arbeiten und vieles mehr. Wie also sollte mein persönliches Entwöhnungsbuch ausschauen? Eines ist klar, die Thematik, mit der ich mich während dem gesamten Prozess über beschäftige muss eine andere sein, wie in den zahlreichen Ratgebern und Gesundheitsblättern. Die kenne ich zur Genüge und sie verfehlen bei mir das Ziel allesamt, allemal. Es muss also etwas Neues her. Etwas nicht so Profanes, als man es bis jetzt von der Alltagslektüre über das Rauchen kennt. Und ich denke, ich habe nach einigen Überlegungen auch einen ersten Zugang zu meinem Buch gefunden. Es sieht doch so aus: Wenn man alles bisher Erschienene zur Thematik des Rauchens bzw. der Nikotinabhängigkeit zusammenfasst, dann wird einem als Leser eines sehr schnell klar: Ein einziges Schlagwort gibt das Diktum in all diesen Büchern vor, nämlich jenes des Aufhörens. Das Aufhören mit dem Rauchen ist in jedem dieser Bücher das zentrale Element. „Aufhören", hier mit Nikotin. „Aufhören", da mit dem Rauchen. Aufhören! Aufhören! Aufhören! Dabei werden unzählige gute und rationale Gründe angeführt, weshalb man sich als Raucher von seinem Laster trennen sollte. Einige dieser Bücher versprechen eine Rauchabstinenz bereits mit dem Fertiglesen der jeweiligen Lektüre. Sätze wie:„ Wenn Du mit dem Rauchen aufhörst, dann wird sich Deine Lebenserwartung signifikant erhöhen", „Wenn Du heute das Rauchen aufgibst, dann bist Du in zwei Tagen ein völlig anderer Mensch" oder „Rauchen kostet Dich jeden Tag viel Geld. Geld, das Du für andere Zwecke ausgeben könntest also hör auf damit", sind allgegenwärtig. Und ja, alle diese Appelle strotzen nur so vor Richtigkeit und Vernunft. Und ja, ich möchte mich auch bedanken für diese weisen Worte. Doch Hand auf das Herz: Kann man einem nikotinsüchtigen Menschen überhaupt mit rationalen Argumenten begegnen? Es gibt doch nichts Irrationaleres als „Das Rauchen" per se. Würde es diesbezüglich etwa großartig Sinn machen, einem Alkoholiker mit einem drohenden Leberschaden daherzukommen? Kann man fette Menschen dadurch kurieren, dass man ihnen einen Spiegel vor die Augen hält? Werden Zocker dadurch geheilt, dass man sie fortan von den Casinos wegzerrt und permanent an ihre verheerende, finanzielle Situation erinnert? Im Grunde genommen ist es vergebene Liebesmühe. Das eine oder andere Erfolgserlebnis im Einzelfall ist mit dieser Art und Weise vielleicht zu verbuchen. Jedoch dürfte die Anzahl derer, die auch weiterhin ihren Laster anhängen, doch ungleich höher sein (und bleiben). Folglich ist so etwas wie ein Patentrezept, mit dem ich mich vom Rauchen ganz einfach lossagen kann wohl nichts, als ein frommer Wunschgedanke. An meine Gesundheit oder die Finanzen zu appellieren, rüttelt mich nicht genug auf, um das richtige Bewusstsein für das Problem zu entwickeln. Selbst wenn noch so viele vernünftige Argumente für ein endgültiges Aufhören, für ein Beenden des Lasters Rauchen in das Feld geführt werden, so triumphiert doch in vielen Fällen die weitere Abhängigkeit des *Homo Irrationalissimus*.

Was also tun? Was kann man machen, um den unvernünftigen Geist zur Vernunft zu bringen? Kann ich mich selbst überlisten? Geht das überhaupt? Ein Buch über das Aufhören des Rauchens zu schreiben macht aus eben dargelegtem Grund wenig Sinn. Edle Ratschläge, wie: „Wenn ich mir das Rauchen aufhöre, dann werde ich mich wie neugeboren fühlen", greifen nicht bei mir. Ebenso wenig reagiere ich aber auch auf Untergangsszenarien, die bei Fortdauer des Rauchens gepredigt werden. Düstere Prognosen, wie: „Wenn Du das Rauchen nicht aufgibst, dann hast Du in spätestens zwei Jahren Lungenkrebs", führen bei mir sogar eher zu Reaktanz. Frei nach dem Motto: Und jetzt erst recht! Man kann es persönliche Irrationalität am Höhepunkt nennen.

Dies alles zugestanden wäre es in meinem Fall also vielleicht ratsamer, das Pferd von hinten aufzuzäumen und die Fragestellung einfach diametral zu formulieren. Sie würde nun nicht mehr lauten, wie man denn mit dem Rauchen aufhören könnte. Die bessere Frage hieße nun: Warum habe ich überhaupt angefangen zu rauchen? Aus welchen persönlichen Motiven bin ich der Nikotinabhängigkeit verfallen? Nicht die unzähligen Gründe, weshalb man das Rauchen aufhören sollte, sondern vielmehr die Ursachenfindung des Rauchens als *OFF*-Schalter des Lasters. Es ist eine Art umgekehrte Psychologie zu Zwecken der angestrebten Selbstüberlistung. Eine Herangehensweise, ähnlich der paradoxen Intention, wie der Wiener Psychiater Viktor FRANKL sie entwickelt hat.[2]

Bei dieser Spielart ist der Betroffene aufgefordert, sich in paradoxer Weise genau das herbeizuwünschen, wovor er eigentlich Angst hat. Diesem Wünschen eines an sich unliebsamen Zustandes liegt die Vorstellung zugrunde, auf diesem Weg ein Durchbrechen der bestehenden, sich selbst bestätigenden Teufelskreise zu erreichen. Wenn Sie etwa das Problem haben, als Manager oder Pädagoge bei

---

[2]*Viktor Emil FRANKL* (26. März 1905 in Wien, Österreich-Ungarn - 2. September 1997 ebenda) war ein österreichischer Neurologe und Psychiater. Er begründete die Logotherapie und Existenzanalyse, die vielfach auch als die „Dritte Wiener Schule der Psychotherapie" bezeichnet wird.
(Vgl. Viktor Frankl: *... trotzdem Ja zum Leben sagen. Drei Vorträge.* Deuticke, Wien 1946).

Vorträgen leicht ins Schwitzen zu kommen, dann bringt es laut Frankl nichts, sich vor dem Schwitzen zu fürchten. Es bringt auch nichts, dagegen anzukämpfen und es mit aller Anstrengung vermeiden zu wollen. Geistige Aufforderungen, wie „Ich darf heute keinesfalls vor dem Auditorium schwitzen" oder „Ich denke heute nicht an mein schweißgetränktes Hemd", funktionieren in der Regel nicht, um das unerwünschte Verhalten zu vermeiden. Ganz im Gegenteil. Es kann sogar passieren, dass die unliebsame Situation gerade durch diese suboptimale Strategie des Vermeidens erst verstärkt hervorgerufen wird. Der Betroffene wird erst recht so richtig zu Transpirieren beginnen. Je mehr er versucht der Schweißabsonderung durch eine gedankliche Ermahnung entgegenzuwirken, desto schlimmer wird es. In dieser Hinsicht verhält es sich in etwa, wie mit einem grün gefleckten Dinosaurier. Versuchen Sie auf keinen Fall an ihn zu denken. Erwischt! Sie haben an ihn gedacht. Ein Ding der Unmöglichkeit also. Je mehr man versucht nicht an ihn zu denken, desto großartiger scheitert man an diesem Vorhaben. Erst mit der Einsicht, sich selbst einen Widerspruch suggerieren zu müssen (dass man nämlich nur noch an den grün gefleckten Dinosaurier und an nichts anderes denken dürfe) könnte die Lösung des Problems darstellen. „Ich werde Euch allen heute bei meinem Vortrag einmal so richtig etwas „vorschwitzen". So lange, bis es mir von den Achselhöhlen heruntertropft und mein Hemd von Schweißrändern gezeichnet ist!" Das wäre demnach der richtige Weg.[3]

---

[3]Ähnliche Phänomene kann man auch im normalen Alltagsleben beobachten. Wenn es Ihnen beispielsweise in der Nacht nicht gelingt endlich einzuschlafen, dann haben Sie wahrscheinlich die falsche Strategie gewählt. Ihr Fehler ist, sich wahrscheinlich kontinuierlich vorzusagen, dass Sie *jetzt endlich einschlafen*

Ich selbst habe diesen Weg sogar bereits experimentell beschritten. Als der Sohn eines Bekannten von mir im Alter von sieben Jahren nach Monaten der Ermahnung und des guten Zuredens seiner Frau sich immer noch in die Hose gemacht hatte, war diese bereits am Resignieren. Nichts schien zu helfen. Weder tadelnde Worte noch rationale Aufklärung. Die Hose war beinahe täglich aufs Neue angepinkelt. Nicht ein bisschen, sondern richtig durchnässt. Dies war natürlich für alle äußerst unangenehm, vor allem wenn irgendwo in Gesellschaft der Sohn wieder unverhofft mit angepisster Hose da stand. Vielmehr litt der Kleine aber selbst wohl am meisten unter diesen Situationen. Er urinierte sich ja nicht mit Absicht an oder empfand in diesem Alter noch ein Wohlgefühl dabei mit der versifften Hose herumlaufen zu müssen. Es muss einen innerlich fast zerreißen zu erkennen, dass man keine Kontrolle über den eigenen Körper und die resultierenden Ereignisse hat. Was also tun, um dem nun ein Ende zu bereiten? Klare Sache, eine paradoxe Intervention musste her. Ich schlug meinem Bekannten also vor, ab jetzt den umgekehrten Weg zu gehen. Anstatt seinem

---

müssten. Und wenn Sie als Schüler vor lauter Nervosität vor einer Prüfung mit Durchfall und Übelkeit zu kämpfen hätten, dann würden Sie sich eintrichtern, dass sie diese Mal *keine dieser Symptome haben dürften.* Alles für die Katz! Die Erfolgschancen tendieren bei solchen Versuchen meist gegen den Nullpunkt. Sie werden nach wie vor das Polster nervös malträtieren oder als Schüler mit fahlem Gesicht die Kloschüssel oder ein Gebüsch aufsuchen. „Denken Sie paradox!", würde hingegen Frankl Ihnen zurufen. „Sagen Sie sich vor, dass Sie jetzt in Ihrem Bett auf gar keinen Fall einschlafen dürften und mit aller Gewalt munter bleiben müssten. Oder freuen Sie sich mit all ihrer Kraft auf den nächsten Dünnschiss oder das fröhliche Erbrechen am Prüfungstag. Sehnen Sie diese Ereignisse in freudiger Erwartung sogar herbei. Sie werden sehen, Sie werden scheitern." Das alles würde Ihnen der Wiener Psychiater raten und ich kann Ihnen sagen, dass seine Herangehensweise wirklich Wunder bewirken kann.

Jungen zu predigen, dass er sich auf keinen Fall mehr in die Hose machen dürfe, solle er den Spieß umdrehen und ihn ermuntern: „Heute will ich, dass Du Dir unbedingt in die Hose machst und dass sie Dir klitschnass an den Beinen klebt. Du musst alles geben, damit sie richtig tropft. Nur wenn sie tropft, ist die Aufgabe erledigt." Im Falle einer Befolgung seines Appells solle er ihm zudem sogar eine Belohnung von 20 Cent zugestehen. Somit wurde der Druck, der auf dem Kleinen lastete, verlagert in die Absicht, sein Verhalten sogar zu fördern. Paradox oder? Und genau an diesem Widerspruch scheiterte der Junge. Denn was soll ich Ihnen sagen, drei Tage später und 60 Cent weniger, hatte der Spuk sein Ende gefunden. Der Kleine hatte sich ab diesem Zeitpunkt nie wieder außerhalb der WC-Muschel erleichtert. Er war endlich sauber und das Projekt „Trockene Hose" konnte für meine Bekannten ad acta gelegt werden. Sie können sich gar nicht vorstellen, wie glücklich alle waren. Allen voran natürlich ich. Diesen Erfolg verbuchte ich damals mit ganz breiter Brust auf meinem persönlichen Konto. Ich war der „Franklnator", der in drei Tagen das zuwege gebracht hatte, wofür meine Bekannte Monate des Misserfolgs geerntet hatte. Ich löste das Problem indem ich buchstäblich die Frage auf die Antwort gesucht hatte und nicht umgekehrt.

Eben diese Strategie könnte sich doch nun auch in meinem eigenen Raucherfall bezahlt machen. Ich darf also nicht mit dem Rauchen aufhören, sondern muss mich den Ursachen widmen, weshalb ich angefangen habe. So in etwa könnte die Annäherung an mein Nichtraucherleben beginnen. Mit diesem Zugang über das verkehrte Pferd entfernt man sich zusehends vom Hauptproblem. Man widmet sich vielmehr den Ursprüngen und lässt das Hier und Jetzt außen vor. Das Heil wird in der Entfernung gesucht, in einer nötigen Distanz zum Problem. Und genau damit könnte man der Lösung so nahe sein, wie nie zuvor.

Also entfliehe ich der Gegenwart und dem Druck, etwas aufgeben zu müssen. Stattdessen widme ich mich der unbelasteten Zeit in der alles angefangen hat. Mit anderen Worten: Ich reise in meine Vergangenheit zurück. Und zwar bis hin zu den Tagen, an denen sich die Weichen für mein späteres Leben gestellt haben. Ich werde versuchen, die Ursachen für den Wandel hin zum Raucher zu erkunden und mir das „Warum" vor Augen führen. Ich wiederhole: Nicht die Beendigung des Rauchens ist in den Fokus zu rücken, sondern schlicht die persönlichen Gründe, überhaupt damit begonnen zu haben. Was könnten meine Motive gewesen sein? Hat die Sucht bereits von Geburt an in mir geschlummert und nur darauf gewartet auszubrechen? Waren es gute Gründe? Waren sie es wert mit dem Rauchen zu beginnen? Oder waren sie es mit Sicherheit nicht? Gute Fragen also auf die gegenwärtige Antwort.

Ich darf Sie also an dieser Stelle nun herzlich einladen, mit mir diese Reise in meine Vergangenheit zu wagen. Hin zu den neuralgischen Punkten meines Raucherlebens. Was uns dort genau erwartet, kann ich Ihnen noch nicht ganz genau sagen. Doch wer weiß, vielleicht kann so manche Ursache Aufschluss darüber geben, warum ich diesem Laster verfallen bin – und neben mir noch eine knappe Milliarde anderer Menschen auch.

1 Erster neuralgischer Punkt – Der genetische Zugang

Wenn es in puncto Rauchen um persönliche Lebensereignisse geht, tut man immer gut daran, im Vorfeld erst über sein Leben eingängig nachzudenken. Man muss sozusagen vorerst alles aufarbeiten und wie ein Schatzsucher den Rauchzeichen folgen, um zurück zu den vergrabenen Schätzen zu gelangen. Schritt für Schritt zurück in die Vergangenheit. Hin, zu den relevanten und formenden Eindrücken, die uns als „Ich" ausmachen. Dabei stößt man natürlich unwillkürlich auf allerhand interessante Erinnerungen. Weihnachtsabende, an denen man unfreiwillig die frisch gefangene Forelle mit Petersilienkartoffel essen musste und sich freudeheuchelnd über ein Paar Skier und dicke Wollsocken unter dem Christbaum freuen musste. Sommercamps, in denen man bis in die Nacht hinein mit den Mädchen *Pflicht oder Wahrheit* gespielt hat. Und hat man diese Mädchen dann bei Tageslicht wieder gesehen, hat man sich doppelt für die vorige Nacht geschämt. Wintersportunfälle, bei denen man sich u.a. mit einem Nierenriss in einem Rettungshubschrauber wiederfand und wegen der Höhenangst alles ordentlich vollkotzte usw. Alles im Grunde fest gespeicherte Erinnerungen, die sich bei solchen mentalen Zeitreisen wieder auftun. Doch das gesetzte Ziel soll nicht sein in kindlichen Erinnerungen zu schwelgen, sondern vielmehr ein Problem in den Griff zu bekommen – ein Nikotinproblem.

1.1 Reise zum Mittelpunkt des Menschen – die menschlichen Gene

So habe ich alles reiflich überlegt und abgewogen. Ich habe die Vergangenheit nach Hinweisen durchsucht und die Qualität der möglichen und unmöglichen Ursachen meines Rauchverlangens verglichen. Und schließlich bin ich zu dem Resultat gelangt, dass ich den ersten Punkt gar nicht in meinem Leben finde. Das wäre viel zu wenig weit gegangen. Ich muss noch weiter zurückgehen, nämlich vor mein Leben und dort eintauchen in die menschliche Vererbungslehre – die Genetik. Dort, wo meine gesamte Erbsubstanz zu Hause ist. Meine DNA-Stränge, meine Basenpaare, meine Chromosomen und meine Gene. Dort habe ich gute Chancen, auch meine erste, belegbare Ursache im multikausal anmutenden Dschungel der Abhängigkeit zu finden. Dies ist jedoch leichter gesagt als getan. Ich muss nämlich zu meiner Schande eingestehen, dass ich bis vor kurzem noch nicht einmal einen Funken Interesse für das breite Feld der Vererbungslehre aufbringen konnte. Die Genetik war mir, salopp gesagt, bis jetzt eigentlich völlig scheißegal. Lauter Typen in weißen Kittel, die mit ihren Pipetten herumrennen und kleine Glasblättchen im Mikroskop mit seltsamen Substanzen bespritzen. Alles viel zu diffus und langweilig für mich. Verstehen Sie mich nicht falsch, natürlich hatte ich über die damaligen Medien hin und wieder den einen oder anderen Durchbruch biologischer Natur mitbekommen: Die Entschlüsselung der Doppelhelixstruktur der DNS oder das erste, aus einer Zelle geklonte Bergschaf, namens „Dolly". Diese bahnbrechenden Fortschritte der Wissenschaft, hatten aber mit meiner Lebenswelt genau nichts zu tun. Sie gingen deshalb auch beinahe spurlos an mir vorüber. Ich hatte zu dieser Zeit eher Feiern und Fortgehen im Sinn, als mich mit der Vererbung von Hodenkrebs oder der Kopie eines nutzlosen Schafs zu beschäftigen. Kein Grund also für mich, sich wie auch immer damit zu befassen.

1.1.1 Die Erbgesundheitslehre (Eugenik) und ihre Folgen

Das einzige Mal jedoch, und daran erinnere ich mich genau, wo ich etwas eingängiger mit der menschlichen Genetik konfrontiert wurde, war, als ich vor etwa 20 Jahren den Film „Die Purpurnen Flüsse", vom französischen Regisseur Mathieu KASSOVITZ zum ersten Mal sah.[4] Dieser Thriller handelt von den kriminellen Machenschaften und Verfehlungen rund um die menschlichen Vererbungsmechanismen und lässt tief in die Abgründe des Rassendenkens blicken. Der französische Schauspieler Jean Reno verkörpert dabei in der Hauptrolle den Kriminalkommissar Pierre Niemans. Dieser hat in den französischen Alpen einen Mordfall zu klären. Die Spuren führen ihn dabei zu der in den Bergen abgelegenen Universitätsstadt Guernon, wo er in der dortigen Eliteuniversität nach Antworten auf seine Fragen zum Mord sucht und diese mithilfe eines gefundenen Schriftstückes auch findet. Der Ermordete selbst, Remy Caillois, ein ehemaliger Dozent der Universität, zeichnet sich dabei als Verfasser dieses Schriftstückes aus. „Er beschreibt darin unter anderem die Athleten der Antike, welche den Geist mit dem Körper verbanden, und erklärt dabei die Bezeichnung „purpurne Flüsse" als das Blut in den Adern von perfekten Menschen. Caillois Schrift beschreibt zudem, wie man den „voll-

---

[4]Eben dieser Film war es letztlich auch, der mich bei meinen Recherchen überhaupt dazu veranlasst hat, den ersten möglichen Erklärungsansatz für mein Suchtverhalten in den menschlichen Genen zu suchen. Er hat sozusagen die Reiseroute zu meinem ersten Punkt festgelegt.

kommenen Menschen" schaffen könnte, nämlich indem man gesunde, kräftige Kinder mit denen der Intellektuellen kreuzt."[5]

Welche Wendungen und welches Ende der Film nimmt möchte ich an dieser Stelle nicht verraten. Es tut letzten Endes auch nichts zur Sache. Die Hauptsache ist, sich diesen Film wieder ins Gedächtnis gerufen zu haben und durch seinen Inhalt einen ersten Wegweiser in die Vergangenheit gefunden zu haben. Und selbst heute muss ich gestehen: Diese Story packt einen wirklich buchstäblich an den Eiern. Sie liefert einem die Erkenntnis, dass die Encodierung des genetischen Bauplanes eigentlich der Schlüssel sein könnte, zu den großen Rätseln des Lebens. Weshalb werden diese oder jene Leiden und Gebrechen über Generationen hin weiter vererbt? Warum kommt es überhaupt zu biologische Defiziten und Einschränkungen? Die Genetik hält die Antworten auf diese Fragen bereit, doch nicht nur das. Mit der Genetik geht auch das Potenzial einher, viele Krankheiten eindämmen zu können oder sogar gänzlich zu eliminieren. Und mittels einer Erbgesundheitslehre würde es künftig sogar gelingen, den Menschen nur noch mit gesundem Erbmaterial auszustatten.[6] Eine neue elitäre Art der Menschenrasse, eine Auslese der Besten würde damit die Weltbühne betreten. So suggeriert es zumindest der Film in eindrucksvollen Sequenzen.

---

[5]Zit. nach: *https://de.wikipedia.org/wiki/Die_purpurnen_Flüsse_(Film)* (Letzter Zugriff: 28.10.2018)
[6]Schon der deutsche Philosoph Friedrich NIETZSCHE (1844 - 1900) entwickelte ein Konzept, dass der einfache Mensch über sich als reines Triebwesen hinauswachsen müsse. Er entwickelte hierfür den Begriff des Übermenschen, eine Art „Idealmensch", der über das gewöhnliche Leben eines als normal und meist negativ bewerteten Menschen (Suchtmenschen, Mängelwesen, Triebwesen, …) hinausgewachsen ist oder hinausstrebt.

Francis GALTON, ein britischer Anthropologe, führte für solch ein Szenario bereits im 18.Jahrhundert den Begriff „Eugenik" ein. Er verband mit ihm die schrittweise Verbesserung der menschlichen Rasse, d.h. die Wissenschaft vom Menschen (Anthropologie), die sich mit sämtlichen Einflüssen befasst, welche die angeborenen Eigenschaften einer bestimmten Rasse verbessern.[7] Galton verstand die Eugenik dabei als Wissenschaft im Dienst einer besseren (intelligenteren) und gesünderen (leistungsstärkeren) Menschheit. Ihm ging es vorrangig um die stärkere Entwicklung der Volksgesundheit, dem menschliche Streben nach dem biologisch Höheren. Um die Nachkommenschaft von minderwertigen Kranken zu verringern bzw. zu verhindern und gesunden Menschen („die Höherwertigen") bessere Zukunftsperspektiven und Möglichkeiten zu eröffnen, forderte er politische Eingriffe. Der Staat müsse im Sinne der Eugenik per Gesetz die Rahmenbedingungen für die geforderte Volksgesundheit schaffen. Galton appellierte, man solle durch Begünstigung der Fortpflanzung gesunder Menschen (etwa durch Belohnung hoher Kinderzahlen) und durch Verhinderung der Fortpflanzung kranker Menschen (durch Geburtenkontrolle, Empfängnisverhütung oder Zwangssterilisation) sozioökonomisch gezielt die Erbanlagen in der Bevölkerung langfristig verbessern und Erbkrankheiten damit vermindern.[8*9]

---

[7]*Francis GALTON* (1822 - 1911) war ein britischer Naturforscher und Schriftsteller und gilt als einer der Väter der Eugenik. Galton beschäftigte sich mit der Vererbungslehre, insbesondere mit der Vererbung der Intelligenz und des Talents, wobei seine Arbeit „Hereditary Genius" von 1869 in weiten Teilen der intellektuellen Welt wahrgenommen wurde. (Vgl. Turda M., *Modernism and Eugenics.* 2010, New York, S. 19.)

[8]Vgl. Ruse M.: *The Evolution-Creation Struggle.* 2005, Harvard University Press, S. 177 ff.

All dieses Gedankengut also war in besagtem Film allgegenwärtig. Exakt dieses immense Potenzial lässt mich heute hoffen, dass die

[9]Ein schaurig-schönes Szenario, das Galton hier für uns malt. Stellen Sie sich vor, Sie leben in einer Welt, in der nur noch gesunde Erbanlagenträger zugegen sind. Alle sind gesund und man muss nie wieder Bedenken haben, an einer Erbkrankheit oder einem genetischen Defekt leiden zu müssen. Doch mehr noch, man könnte fortan wahre Eliterassen zeugen, die von Generation zu Generation die von Galton postulierten, biologischen Höhen erklimmen. Die Besten paaren sich mit den Besten. Ein (r)evolutionärer Aufstieg der humanen Gesellschaft in ungeahnte Dimensionen und das alles in einem evolutionären Wimpernschlag. Es würde, unter dem Gesichtspunkt der Eugenik, theoretisch lediglich an die 90 Jahre brauchen, um das Erbgut der Weltbevölkerung ab hier und jetzt erheblich verbessert zu haben. Wir stünden damit buchstäblich auf den Treppen zu einem goldenen, biologischen Zeitalter. Keine minderbemittelten Kinder mehr um uns, nicht ein behinderter Mensch mehr in unserer Mitte, nur noch leistungsstarke und universalgebildete Menschen. Doch leider offenbart sich in diesen Überlegungen auch sofort die Schwachstelle. Wie man es auch dreht und wendet, es wird auch in diesem Modell immer wieder Unterlegene und Überlegene geben. Mit jedem neuen Elitemitglied, jedem gezeugten Besten der Besten, relativieren sich die Begriffe wie „Gesundheit", „Stärke", „Schwäche", „Krankheit" usw. plötzlich. Die Gesunden werden infolge des parallel ablaufenden Aufbaus einer höheren Menschenrasse plötzlich zu den Unterlegenen. Ihre Gene sind es nicht mehr wert, weitergegeben zu werden. Sie verkörpern quasi über Nacht die Schwachen, abgelöst von der sich neu bildende Rasse. So können sie eo ipso ihre „minderen" Gene nunmehr nur untereinander weitergeben und repräsentieren im strengen, eugenischen Sinne die „Volkskrankheit". Doch auch die Überlegenen werden mit dem Zeugen der nächsten Generation schon dasselbe Schicksal teilen müssen. Auch sie sind den Mechanismen der Eugenik ausgeliefert und wenn es soweit ist, dann sind sie es, die als die Schwachen angesehen werden. Dann genügt deren Erbgut nicht mehr, um weiter auf der darwinistischen Leiter hochzukommen. Und so setzt sich dieser Zyklus fort. So schreitet der Prozess der Eugenik voran. Wer heute noch gesund ist, wird morgen als schwach angesehen, obgleich sich nichts an seinem Zustand verändert hat. Und eben weil sich nichts verändert hat, wird er fortan als Unterlegener abqualifiziert. Die bestialischen Auswüchse, die solch ein Rassendenken mit sich bringen würde, haben zigtausende Menschen schlussendlich in den Eugenikprogrammen des dritten Reiches unter Adolf Hitler miterleben müssen. Zwangssterilisationen, Zwangsabtreibungen und das Vernichten „lebensunwerten Lebens", waren damals die Folge des arischen Eugenikgedankens. Es ist also nicht immer alles Gold, was da so genetisch glänzt.

Genetik auch mich meinem Ziel ein Stück weit näher bringen könnte. Damals war ich ergriffen von der offensichtlichen Tatsache, dass man fortan Wunschbabys und Elitekinder am Fließband produzieren könnte. Geburten auf Bestellung! Immer mit der Gewissheit, dass das Produkt auch genau den Erwartungen der Eltern, als Auftraggeber entspricht. Nicht zu klein, nicht zu zierlich, nicht zu mollig usw. Heute, zwanzig Jahre später, sitze ich wieder hier und frage mich an derselben Stelle: Kann man mit der Genetik über Wunschkinder und Klonschafe hinaus auch das Verhalten eines Menschen erklären und analysieren? Oder noch besser: Ist es möglich, dass in meinem persönlichen Bauplan irgendwo ein Gen schlummert, das verantwortlich ist für mein Rauchverhalten? Solche Fragen sind es, die mir nach gründlichen Überlegungen nun unter den Nägeln brennen. Gehen wir in medias res und sehen nach, ob die Genetik, als mein erster neuralgischer Punkt, es auch wert ist, angesteuert zu werden. Zumindest ein paar Antworten sollten auf diesem weiten Wissenschaftsfeld der Humanbiologie doch zu finden sein.

1.2 Es war einmal ein Gen – kleine Geschichte der Genetik

Jeder von uns ist mit Erbanlagen ausgestattet, die Generationen hinweg, überdauern. Über Urgroßeltern zu Großeltern, zu Mütter und Väter bis hin zu den Kindern und Kindeskindern. Das wussten, wenngleich noch in etwas abenteuerlich anmutender Form, schon die griechischen Philosophen der Antike. ANAXAGORAS (ca. 500 v. Chr.) etwa vermutete seinerzeit, dass der menschliche Fötus im Spermium des Mannes bereits vorgeformt sei. ARISTO-TELES postulierte nur etwa hundert Jahre später, dass der Mann (und nur dieser) so etwas wie Erbanlagen besitzen müsse, mittels derer bestimmte physische Merkmale auch bei der blutsverwandten Nachkommenschaft auftreten. Diese und ähnliche Vorstellungen hielten sich noch lange ungeprüft bis in die Neuzeit hinein. Es fehlte schlicht noch an geeigneten Instrumenten, um den Geheimnissen der Vererbung und der Genetik per se auf die Spur zu kommen. Den ersten wissenschaftlichen Grundstein zur heutigen Vererbungslehre legte schließlich der Augustinermönch Gregor Johann MENDEL. Mendel erfasste die Prinzipien für die Vererbung körperlicher Merkmale und gilt damit als Wegbereiter der modernen Genetik.[10] Seit seinem Durchbruch überschlagen sich die Erkenntnisse und Erfolge zusehends. Nachdem nur vier Jahre später erstmals Nukleinsäuren, die Bausteine der DNA (Desoxyribonukleinsäure), in Fischspermien entdeckt wurden, konnten Anfang des 20. Jhdt. schließlich Chromosomen auch in den menschlichen Zellen lokalisiert und auch als Träger der Erbinformationen nachgewiesen werden. Dieser Ansatz wurde ab 1907 von Thomas MORGAN an einer Fliegenart (Drosophila melanogaster) verfolgt und um die Theorie der in den Chromosomen befindlichen Gene ausgebaut und erweitert. Im Laufe vieler Jahre gelang es Morgan dann tatsächlich, die in den Chromosomen eingebetteten Gene als eigentliche Träger der geschlechtsgebundenen Erbanlagen an be-

---

[10]Der Mönch und Lehrer Gregor MENDEL (1822 – 1884) gilt als Begründer der Vererbungslehre. Er führte im klösterlichen Garten systematisch Kreuzungsexperimente mit Gemüse durch. Dabei verwendete er für seine genetischen Versuchsreihen Erbsengemüse, kreuzte es und entdeckte dabei, dass die Formen und Farben der Samen, als auch die Farbgebung der Blüten vererbte Merkmale der Pflanzen waren. Doch diese vererbten Merkmale traten nicht nur bei Pflanzen auf, sondern auch bei Tieren, weshalb Mendel damals schon teleologisch folgerte, dass vielleicht auch der Mensch genetisch determiniert sei. Und er sollte Recht haben, denn die heutige Molekulargenetik kann zweifelsfrei bestätigen, dass z.Bsp. nicht nur die Blutgruppe oder das Aussehen vererbt werden, sondern etwa auch Krankheiten genetisch vererbt werden können.

stimmten Stellen der Taufliegen-Chromosomen zu lokalisieren.[11] In weiterer Folge waren es Francis CRICK und James WATSON, die 1953 die bereits erwähnte Doppelhelixstruktur der DNA entdeckten. Sie stellten fest, dass das DNA-Molekül ein dreidimensionaler, spiralförmiger Doppelstrang ist, in dessen Innenraum sich die vier Basen immer jeweils zu zweit zusammenschließen. Dabei kann man sich den Aufbau unserer Erbsubstanz vorstellen wie eine Wendeltreppe. Die Stufen dieser Treppe werden dabei von diesen Basen gebildet. Zucker und Phosphat hingegen zeichnen sich verantwortlich für das Treppengeländer. Das Besondere an dieser Struktur ist, dass sie sich selbst duplizieren kann, womit Watson und Crick auch den Mechanismus der Vererbung erklärt haben.[12] Schließlich gelang mit diesen neuen Erkenntnissen, knapp zwei Jahrzehnte später, auch erstmals die Isolierung von nur einem einzigen, menschlichen Gen. Auf dieser Grundlage aufbauend kann die wissenschaftliche Genforschung seit dem 1990 ins Leben gerufene "Human Genome Project" mittlerweile mit Stolz behaupten, das gesamte menschliche Erbgut zur Gänze entschlüsselt zu haben.[13] Mit dieser Encodierung der Erbmasse hat die heutige Wissenschaft tiefe Einblicke in die Welt der Gene gewonnen.

Von vielen unserer heute etwa 25.000 lokalisierten Gene sind mittlerweile sowohl die Aufgabenbereiche, als auch die Funktionen für den Körperbau und den gesamten Stoffwechsel des Menschen bekannt (die Reparatur von Zellen, das Wachstum der Gefäße, die

---

[11]Für seine Forschungen erhielt Thomas Morgan 1933 den Nobelpreis für Medizin und gilt seitdem als einer der "Väter der Genforschung".
[12]Auch diese beiden Wissenschaftler wurden mit dem Nobelpreis für ihre außergewöhnlichen Forschungsleistungen bedacht.
[13]Vgl.https://www.planetwissen.de/natur/anatomie_des_menschen/vererbung/pwi egeschichtedergenetik100.html (letzter Zugriff: 30.10.2018)

Entgiftung des Körpers usw.). Die Encodierung der menschlichen DNA impliziert aber nicht nur das Wissen um die Aufgaben der Gene im Menschen, sondern eo ipso auch das Wissen um die Entstehung vieler Krankheiten und was das empfindliche Gleichgewicht (die Homöostase) im menschlichen Körper stört. Da man seit Abschluss des „Human Genom Projects" den Bauplan des Menschen sozusagen gänzlich identifiziert hat, ist man nun in der vorteilhaften Lage, genau jene Gene leichter zu lokalisieren, die an der Entstehung bestimmter Krankheiten beteiligt sind. So lassen sich die Veränderungen, die zu einer Krankheit führen, ausforschen und analysieren.

> *„Damit gibt es für viele Störungen erstmals die begründete Hoffnung auf eine ursächliche Behandlung, die sozusagen an der Wurzel des Übels ansetzt. An der Wurzel des Übels deshalb, weil die genetische Information, die Programmiersprache, die unsere "Hardware" – die menschlichen Zellen – steuert, störanfällig ist. Durch einen "Schreibfehler" in einem Gen kann es passieren, dass fehlerhaftes Eiweiß produziert und so eine Krankheit ausgelöst wird. Egal ob diese Mutationen spontan, vererbt oder durch die Umwelt bedingt sind, der Effekt ist immer der gleiche: Die kranken Eiweißkörper arbeiten nicht mehr ordnungsgemäß. So kann es passieren, dass sie tausend Mal so aktiv sind, wie sie sein sollten. Das führt dann zu einer Krebserkrankung. Auch die umgekehrte Variante ist möglich. Die Eiweißkörper können ganz ausfallen. Wichtige Informationen werden nicht mehr länger weitergegeben, was dazu führt, dass der betroffene Mensch an einer Stoffwechselstörung wie etwa Diabetes erkrankt."*[14]

---

[14]Zit. nach Prof. Dr. Huber L., Institut für Anatomie, Histologie und Embryologie der Medizinischen Universität Innsbruck, am 11. März 2015

Genetische Mutationen sind es demnach, die sich ungünstig auf den Menschen auswirken. Sie machen ihn anfällig für Defekte und Störungen im Organismus.[15] Interessanterweise müssen solche Mutationen jedoch nicht immer Krankheiten nach sich ziehen. In speziellen Fällen können sie sich sogar als Segen für den Betroffenen entpuppen. Haben Sie etwa gewusst, dass es ein Antimalaria Gen, ein Niedrig Cholesterin Gen oder ein Superknochen Gen gibt? Allesamt Genmutationen, die sich durchweg positiv für die Träger ausnehmen. Ja, sie verschaffen ihnen sogar beachtliche Vorsprünge zum Rest der Bevölkerung. Das ist aber die Ausnahme von der Regel. Gemeinhin verhält es sich so, dass mutierte Gene dem Menschen zum klaren Nachteil gereichen. Doch mithilfe der bisher erzielten Erkenntnisse ist die Medizin in der Lage, viele dieser Krankheiten zu orten und auch bereits im Frühstadium gezielt zu behandeln.

1.3 Vererbung von Persönlichkeitseigenschaften

Doch die Genetik kann scheinbar noch mehr. So postulieren viele Forscher herausgefunden zu haben, dass nebst der Physis eines Menschen auch einige seiner Verhaltenszüge den Genen unterliegen könnten. Sozusagen eine Art *verhaltensgenetische* Determinie-

---

[15]Eine Genmutation ist eine Veränderung des Erbgutes (Mutation) in nur einem Gen. Die Mutation kann unterschiedlich große Abschnitte eines Gens betreffen. Eine Genmutation liegt schon vor, wenn in der DNA nur eine Base verändert, entfernt oder hinzugefügt wird. Sie ist die häufigste und wichtigste Art der Mutationen und tritt zufällig auf. Sie wird entweder durch eine fehlerhafte Replikation der DNA ausgelöst oder ein Mutagen verursacht einen Basenaustausch im Erbgut. Meist entstehen Mutationen mit rezessiver Wirkung. Die Genmutation kann ohne Auswirkungen für den Träger nachteilig, manchmal tödlich (letal) oder auch vorteilhaft sein. (Vgl. Stryer L.: *Biochemie*, 1996, 4. Auflage, Spektrum, Heidelberg - Berlin - Oxford)

rung. Das bedeutet, dass auch vereinzelte Persönlichkeitseigenschaften im Grunde von den Genen vorgeformt sein könnten. In der aktuellen Genforschung hat man herausgefunden, dass es eine Genmutation gibt, die exakt solch einen Zusammenhang zu unserem Verhalten aufweist. Es handelt sich dabei um eine Veränderung des sogenannten DRD4-Gens (Dopaminrezeptor Gen) auf Chromosom 11. Dieses Gen hilft, den chemischen Gehirnbotenstoff Dopamin zu kontrollieren, der für das Lernen und für unser internes Belohnungssystem wichtig ist. Forscher haben nun wiederholt einen Zusammenhang zwischen dieser Genvariante und Attributen wie Neugier, Entdeckungsdrang und Rastlosigkeit festgestellt. Diese Genmutation von DRD4, bekannt als DRD4-7R, kommt bei schätzungsweise 20 Prozent aller Menschen vor.[16] Mehrere Studien kamen zu dem Ergebnis, dass Menschen mit der 7R-Variante eher dazu neigen, Risiken auf sich zu nehmen. Sie zeichnen sich als aufgeschlossener für neue Orte, Ideen, Beziehungen, Drogen oder sexuelle Gelegenheiten aus als jene Menschen, ohne diese Mutation.[17]

Wenn Sie also Träger dieses mutierten Gens sind, dann wären Sie verstärkt bei Aktivitäten anzutreffen, die etwa mit hoher Adrenalinausschüttung einhergehen. Man könnte erklären, weshalb Sie absichtlich Gefahren und Risiken in Kauf nehmen und sich zeitweilig sogar bewusst in Lebensgefahr bringen (müssen). Nehmen wir an Sie würden befragt werden, weshalb Sie eigentlich gefährliche Extremaktivitäten (Bungee Jumping, Roofing, Base Jumping ...) ausüben oder Sie trotz Partnerschaft ein notorischer Fremdgeher

---

[16]Was sich hier anhört, wie der Name eines Roboters in einem Star Wars Film, ist in der Wissenschaft unter der Bezeichnung „Sensation Seeker Gen" bzw. „Draufgänger Gen" geläufig.
[17]Vgl. *National Geographic*, Heft 1 / 2013, S. 48ff

sind. Dann könnte Ihre Antwort darauf lauten, dass Sie gar nicht anders könnten. Es wäre Ihr Verlangen, das Sie regelrecht übermanne. Eine innere Kraft, ein unbekanntes Motiv würde Sie zu solchen Unternehmungen antreiben. Sie fänden nur Befriedigung, wenn Sie sich in solchen Extremen bewegen würden. Sie seien fast süchtig danach. Und Sie hätten Recht mit Ihrer Annahme. Dass aber ein Gen es sein könnte, das Sie so *risikoverliebt* agieren lässt, dass ein Sensation Seeker Gen der Auslöser für Ihr Leben am Limit sein könnte, das hätten Sie wohl selbst nicht erwartet. Die Forschung aber zeigt, dass eben genau das der Fall sein könnte und Sie, als eine von fünf Personen von dieser Mutation betroffen sein könnten. Ohne diese Genvariante wären Sie vielleicht nur ein langweiliger „Harm Avoider" und würden Golf spielen oder Nordic Walking betreiben.

1.4 Studien zur genetisch bedingten Nikotinabhängigkeit

Wie lässt sich anhand dieser Forschungsresultate nun aber der Spagat zu meinem persönlichen Rauchverhalten bewerkstelligen? Im Grunde genommen ganz einfach. Innerhalb des Rahmens der Vererbungslehre lässt sich nämlich nun folgendes fragen: Ist es möglich, dass auch ganz generell Suchtverhalten vererbt werden kann? Kann es nicht sein, dass ich eine Veranlagung habe süchtig zu werden? Im Lichte des Gesagten wäre es doch möglich, dass ich eine Suchtdisposition habe und es nur einen Auslöser im Leben braucht, dieses Suchtverhalten zu „aktivieren". Ähnlich einem Draufgänger Gen könnte doch auch ein Nikotinsucht Gen in meinem Körper existieren. Wenn es Menschen gibt, die genetisch getrieben ihren Todesmut oder ihre Untreue permanent unter Beweis stellen müssen, könnte es dann nicht auch solche geben, die genetisch getrieben einer Nikotinsucht verfallen? Die aktuelle Genforschung beantwortet diese Frage mittlerweile mit einem vorsichtigen „Ja". Es scheint wirklich so, als hätten manche unter uns die genetische Veranlagung nikotinabhängig zu werden. Laut Forschern spielen dabei Genmutationen auf ganz spezifischen Chromosomen (Chr. 8, 11, 15 und 19) eine Schlüsselrolle.

1.4.1 Die Habenula

Und auch eine Region im Zwischenhirn des Menschen, die sogenannte Habenula, konnte als wichtiger Lokalisationspunkt bei der Entstehung und Persistenz von Nikotinabhängigkeit identifiziert werden (siehe Abbildung). Deutsche, französische und russische Forscher haben gezeigt, dass in dieser Gehirnregion genetische Mutationen in einem spezifischen Gencluster Risikofaktoren für Lungenkarzinome und Nikotinabhängigkeit darstellen.[18] Zum genaueren Erforschen dieses Mechanismus untersuchte man einen Rezeptor (nAChR) für den Botenstoff Acetylcholin (ACh) näher. Dieser Botenstoff wird genau in jenem Gencluster gebildet. Der Rezeptor, an den das Acetylcholin andockt, wird bei Rauchern aktiviert. Das Gencluster unterteilt sich in drei Untergruppen, also drei Gene und obwohl der Neurotransmitter Acetylcholin in jeder Zelle (und somit auch in der DNA) vorhanden ist, bildet der Rezeptor sich nur in ganz wenigen Regionen des menschlichen Gehirns aus. Und eine dieser Regionen ist eben die interzerebrale Habenula. Ein Gen dieser Untergruppe ist das alpha5-Gen, von dem auch bekannt ist, dass Raucher eine Punktmutation in diesem Gen

---

[18]Gen-Cluster sind Gruppen aus zwei oder mehreren Genen, die zur gleichen Genfamilie gehören

haben.[19] Sie sind signifikant höher gefährdet eine Nikotinabhängigkeit zu entwickeln oder an Lungenkrebs zu erkranken, als Menschen, ohne Mutation. Ein weiteres Gen hingegen ist beta4, ein Anti-Nikotin Gen, wenn man so will. Genau dieses Gen aktivierten die Wissenschaftler in gentechnisch veränderten Mäusen. Nach der Aktivierung präsentierten sie den Mäusen zwei Schüsseln mit Wasser. Eine Schüssel gefüllt mit Leitungswasser und eine mit Nikotin versetztem Wasser. Es zeigte sich vorerst, dass die Mäuse nur aus der Schüssel mit dem klaren Wasser tranken und eine Aversion gegen das Nikotinwasser hatten. Das beta4-Gen, so wurde gefolgert, hat demnach die Funktion Nikotin abzuwehren, so auch beim Menschen. Wurde von den Forschern jedoch die mutierte Version des alpha5-Gens in den Mäusen angeschaltet, passierte etwas Verblüffendes. Die Tiere hatten bereits nach zwei Wochen ihren Widerwillen gegen Nikotin abgelegt und tranken fortan nur noch nikotinhaltiges Wasser.[20] Die Zielsetzung der Wissenschaftler liegt nach dieser Studie nun darin, in speziellen medizinischen Programmen die beta4-Aktivitäten bei Rauchern langfristig zu erhöhen und jene der alpha5-Gene zu senken. Dadurch, so hofft man, könne man bei schwer nikotinabhängigen Menschen den Tabakkonsum zumindest reduzieren, wenn nicht überhaupt stoppen.

Auch ein amerikanisches Forscherteam der University School of Medicine in Salt Lake City hat die Habenula stärker in den genetischen Fokus gerückt. Sie wollten der Frage nachgehen, inwieweit die dort befindlichen Nikotinrezeptoren nach einer bestimmten

---

[19]Von einer Punktmutation spricht man, wenn eine einzelne Base einer DNA chemisch verändert oder durch eine andere Base ersetzt wird. Sie ist die häufigste aller Mutationsformen.
[20]Vgl. Ibanez-Tallon I. in der Fachzeitschrift: *Neuron*. 2011, 70/3, S. 522

Genmutation Einfluss nehmen auf die Stärke der Nikotinabhängigkeit im Erwachsenenalter. Ihre Vermutung war dabei, dass Menschen, die vor dem achtzehnten Lebensjahr das tägliche Rauchen begonnen hatten signifikant gefährdeter seien im Alter überstarke Raucher (Kettenraucher) zu werden. Spätstarter, so die Alternativthese seien hingegen weniger der Gefahr ausgesetzt als Erwachsene dem übertriebenen Nikotinkonsum zu verfallen. Die Wissenschaftler untersuchten 2827 aktive Raucher und ehemalige Langzeitraucher. Diese mussten in standardisierten Tests ihr bisheriges Rauchverhalten skizzieren (Anzahl der täglich gerauchten Zigaretten, die Anzahl der Jahre, das Anfangsalter,...). Im Anschluss wurde der Grad der Nikotinabhängigkeit ermittelt. Dann entnahm man den Probanden eine DNA-Probe, um die Variationen im Nikotinrezeptor Gen (nAChR) zu ermitteln. Es ergab sich folgendes Bild: Die Testpersonen, die vor dem siebzehnten Lebensjahr bereits mit dem Rauchen begonnen haben, hatten ein bis zu fünffach höheres Risiko, als Erwachsene an einer ausgeprägt starken Nikotinabhängigkeit zu leiden. Solche Testpersonen, die zwar die gleiche Genvariante besaßen, jedoch erst später mit dem Rauchen angefangen haben, hatten hingegen kein erhöhtes Risiko einer Abhängigkeit per se. Den ehemaligen Rauchern unter ihnen fiel es sogar leicht, das Rauchen wieder aufzugeben.[21]

1.4.2 Chromosomen und Genmutationen

Interessante Sachen, die einem so unterkommen, wenn man sich mit dem Zusammenhang von Genetik und Nikotinabhängigkeit beschäftigt. Plötzlich erweist sich eine bestimmte Region in unse-

---

[21]Vgl. http://www.faz.net/aktuell/wissen/leben-gene/rauchen-genetische-faktoren-von-nikotinabhaengigkeit-1670254.html (letzter Zugriff: 03.11.2018)

rem Zwischenhirn als sprichwörtliche Brutstätte des Übels und ist mitverantwortlich für unser Verlangen nach Nikotin. Ja mehr noch, für unser *ungestilltes* Verlangen nach Nikotin. Die bisherigen Studien deuten zumindest stark darauf hin. Und der Faden reißt nicht ab. Denn wenn man nun die verschiedenen Chromosomen näher unter die Lupe nimmt, vervollständigt sich auch das Bild des genetisch bedingten Rauchers noch ein Stück weit mehr. Vor allem sind es dabei ganz bestimmte Chromosomen im Menschen, die eine wichtige Rolle spielen.[22] Nehmen wir z.Bsp. das bereits erwähnte Chromosom 11. Dieses Chromosom besteht aus 134 Millionen Basenpaaren und beinhaltet etwa 4 bis 4,5 % der gesamten DNA einer menschlichen Zelle.[23] Bislang konnten Forscher 1368 der etwa 1900 dort befindlichen Zellen bereits entschlüsseln. Obwohl das elfte Chromosom nur mittelgroß ist, trägt es eine ausgesprochen hohe Anzahl von Genen. Als unmittelbare Folge davon haben auch viele Krankheiten und Krankheitssymptome (2006 waren es 171) ihren Ursprung in Mutationen und Defekten der Gene dieses Chromosoms.[24]

Forscher der Universitäten Bonn und Heidelberg haben nun beobachtet, wie die Mutationen in zwei bestimmten Genen auf diesem Chromosom, die Menschen leichter und öfter zur Zigarette greifen lassen. Für ihre Studie analysierten sie Genveränderungen bei 4300 deutschen Rauchern und Nichtrauchern verschiedener Altersgruppen. Das Resultat: War im sogenannten TPH-Gen eine Mutation festzustellen (TPH1), wurden die Betroffenen häufiger abhän-

---

[22]Bekannt vom Draufgänger-Gen
[23]Ein Basenpaar stellt die kleinste Informationseinheit der menschlichen DNA dar.
[24]Vgl. https://flexikon.doccheck.com/de/Chromosom_11

gig vom Nikotin und konsumierten überdurchschnittlich viel. Einzelne Testergebnisse ergaben, dass Probanden bis zu drei Packungen täglich rauchten und das bereits über mehrere Jahre hinweg. Dieses untersuchte TPH-Gen ist wichtig für die Produktion von Serotonin, das unsere Gefühlswelt regelt. Die meisten unter uns kennen diesen Gehirnbotenstoff als *Glückshormon*, was bei einem ausgeglichenen Haushalt des Serotonins auch zutreffend ist. Serotoninmangel hingegen wird mit Depressionen und Angsterkrankungen in Verbindung gebracht und ist ein nachweislicher Risikofaktor für Drogensucht.[25] Wenn die Genmutation TPH1 nun verantwortlich ist für den Mangel an Serotonin, dann könnte es sein, dass eben dieser Glücksmangel mit selbstinitiierten Glücksmomenten in Form von Zigaretten ausgeglichen werden soll. Demnach würde der Grad des Mangels an diesen Botenstoffen auch auf die Häufigkeit der gerauchten Zigaretten rückschließen lassen. Je weniger Serotonin produziert wird, desto höher der Nikotinkonsum.

Zu ähnlichen Ergebnissen kamen auch internationale Forschungsstudien im Fachmagazin „Nature Genetics". Hunderte Forscher und eine Reihe von Universitäten waren bei diesen Studien beteiligt. Sie bestätigten eine Korrelation zwischen der Nikotinanfälligkeit des Menschen und spezifischen Genmutationen auf den Chromosomen 8, 11, 15 und 19. Insgesamt lagen dabei den Studien Daten von mehr als 140.000 Rauchern, ehemaligen Rauchern und Nichtrauchern zugrunde. Aus den genetischen Datensätzen wurde von den Forschern abgeleitet, bis zu welchem Grad der Intensität die Nikotinsucht auf unterschiedlichen Chromosomen mehrerer Orte ausgeprägt sein könnte.

---

[25]Vgl. Fachjournal: *Neuropsychobiology*. 2006, Band 56, S. 47ff

So entdeckten Forscher des Institutes für molekulare Medizin in Helsinki, dass etwa Menschen mit bestimmten Punktmutationen auf dem achten oder neunzehnten Chromosom, dem Konsum von Tabak stärker verfallen, als andere. Die betroffenen Probanden konsumierten täglich nicht nur das Doppelte als Vergleichspersonen. Sie hatten auch ein um zehn Prozent erhöhtes Risiko an einem Lungenkarzinom zu erkranken. Mit diesen Ergebnissen wurden frühere Studien belegt, wonach Genmutationen auf dem elften und fünfzehnten Chromosom ebenfalls Einfluss nehmen auf die Nikotinabhängigkeit und das Risiko für bronchiale Krankheiten.[26]

Schließlich machten japanische Wissenschaftler noch interessante Entdeckungen auf dem neunzehnten Chromosom des Menschen. Sie untersuchten das Erbmaterial von rund 200 japanischen Rauchern auf Mutationen eines dort lokalisierten Gens mit der Bezeichnung „CYP2A6". Diese Erbanlage zeichnet sich für den Nikotinabbau verantwortlich, wobei einige Varianten von CYP2A6 den Nikotinspiegel im Blut vergleichsweise langsamer senken lassen, als andere. Die Analyse des Erbgutes der Probanden ergab, dass ein Viertel der Raucher mit der Normalversion von „CYP2A6" etwa zwei Päckchen Zigaretten täglich rauchten. Die anderen 75% der Probanden mit speziellen Mutationen dieses Gens (CYP2A6*4, CYP2A6*7, CYP2A6*9) und einem folglich stark gebremsten Nikotinabbau konsumierten hingegen nur die halbe Menge an täglichen Zigaretten, also knapp eine Schachtel täglich.

> „The allele frequencies of *1 (wild type), *4, *7 and *9
> were 52, 17, 11 and 20%, respectively. When the three
> polymorphisms were considered simultaneously, the

---

[26]Vgl. Fachjournal: *Nature Genetics*. 2010, Vol. 42/5, S. 441ff

percentages of homozygous wild type, heterozygote, and homozygous mutants and compound heterozygotes were 26.0, 52.5 and 21.5%, respectively. Homozygous mutants and compound heterozygotes (n=43) smoked fewer cigarettes daily than heterozygotes (n=105) and homozygous wild-type individuals (n=52). Smokers with *7/*7, *9/*9 or *7/*9 had lower daily cigarette consumption than smokers with *1/*1. In conclusion, polymorphisms *4, *7 and *9 of CYP2A6 were detected in approximately three out of four Japanese smokers, and their daily cigarette consumption was genetically modulated by these functional polymorphisms".[27]

Der Verdacht, dass Menschen mit diesen Genvarianten ein deutlich reduziertes Verlangen nach Nikotin haben, scheint also mit dieser Studie belegt zu sein. Die Kritik, dass die Forschungsergebnisse in erster Linie nur für die asiatische Bevölkerung von direkter Bedeutung seien, lassen die japanischen Wissenschaftler dabei nicht gelten.[28] Viele der untersuchten Genmutationen wurden nämlich auch bei Rauchern in europäischen Ländern (Türkei, Schweden) nachgewiesen.[29] Das lässt den Schluss zu, dass bei nikotinabhängigen Personen die Gleichartigkeit der Einflüsse der jeweiligen Genvarianten durchaus transkulturell sein könnte.

---

[27]Zit. nach Minematsu N., Nakamura H., Furuuchi,M., Nakajima T., Takahashi S., Tateno H., Ishizaka A. in
European Respiratory Journal. 2006, Vol. 27, S. 289-292
[28]Nordostasiaten, etwa Chinesen, Koreaner oder Japaner vertragen bekanntlich viel weniger Alkohol, als der durchschnittliche Mitteleuropäer. Der Grund dafür liegt in den Genen. Den meisten Nordostasiaten mangelt es am Enzym ALDH, das für Acetaldehyd-Dehydrogenase steht. Dieses Enzym baut den Alkohol ab, ist aber bei vielen Nordasiaten nachweislich nicht vorhanden, sodass diese den Alkohol schlichtweg auch nicht „vertragen".
[29]Vgl. Fachblatt: *European Respiratory Journal.* 2006, Vol. 27, S. 289-292

Nach all dem bisher Gesagten lässt sich nun die Konklusion ziehen, dass unsere Gene tatsächlich unser Nikotinverhalten beeinflussen und sogar steuern können. All diese Studien zeigen einen signifikant hohen Zusammenhang von Mutationen bestimmter Gene und Rauchverhalten. Warum nun die einzelnen Genvarianten jedoch solch einen hohen Einfluss auf das Rauchverhalten von Betroffenen ausüben, darüber kann man selbst heute nur spekulieren. Viele Forscher kommen zu dem Schluss, dass die Baupläne der auf einigen Genabschnitten entdeckten Enzyme zum Nikotinabbau den Schlüssel zur Ursache der Nikotinabhängigkeit darstellen. Andere wiederum sind der Überzeugung, dass die Aktivierung der Nikotinrezeptoren und die folgende Freisetzung von Gehirnbotenstoffen (Serotonin, Dopamin) als Hauptgrund für eine Nikotinabhängigkeit zu sehen ist. Die Wahrheit wird wohl irgendwo in der Mitte liegen. Was jedoch alle Forscher unisono folgern ist, dass Rauchen generell schlecht ist. Für manche Menschen aber ist es noch schlechter, als für andere.

Doch kann man das menschliche Nikotinverhalten wirklich so einfach an rein genetischen Parametern festmachen? Spielen nicht andere Faktoren wie z.Bsp. das Umfeld, der jeweilige Bildungsgrad, die familiären Gegebenheiten usw. eine weitaus größere Rolle bei der Entstehung einer Nikotinabhängigkeit. Viele Kritiker des genetischen Ansatzes meinen, dass der Rekurs auf die Gene als Hauptgrund der Abhängigkeit viel zu kurz greife. Die gerne postulierte Absolutheit des genetischen Ansatzes verleite vielmehr dazu, den Rauchern wissenschaftlich getarnte Pseudo- Ausreden zu liefern, weshalb sie diesem Laster nachgehen. Geradewegs Ausreden wie: „Ich rauche, weil ich genetisch bedingt gar nicht anders kann" oder „Es liegt an meinen Genen, dass ich dem Nikotin nicht entsagen kann", bieten hierfür den Stein des Anstoßes. Es mache doch sehr wohl einen Unterschied, so die Kritiker, ob jemand in Verhältnissen aufwüchse, in denen Nikotin oder auch andere Substanzen (Alkohol, Kokain,...) als unverzichtbarer Bestandteil des Lebens aufgefasst werden würden oder nicht. Vorrangig würden demnach soziale, psychologische und auch pädagogische Kerngrößen den stärksten Einfluss nehmen. Die Gene würden, so der Tenor, in den Erklärungsmustern nur eine untergeordnete Rolle spielen. Sie wären nur von marginaler Relevanz für das ganze Problem. Solche Kritiken lassen die Wissenschaftler ihrerseits jedoch nicht so einfach gelten. Zwar bestreiten sie nicht, dass auch erwähnte Einflussfaktoren sich nachteilig auf das Nikotinverhalten der betroffenen Personen mitauswirken können. Jedoch beziffern sie diese Komponenten mit einem relativ niedrigen Prozentsatz. Im Gegensatz zum Faktor der Genetik, den die meisten Forscher mit bis zu 75%, manche auch mit bis zu 90% als Ursache für die Nikotinabhängigkeit ausweisen.[30] Alle anderen Faktoren seien bloße Zusätze und würden das sprichwörtliche Kraut nicht fett machen.

1.5 Studienergebnisse aus der humangenetischen Zwillingsforschung

Die Forscher verweisen bei diesen Annahmen ausnahmslos auf die humangenetische Zwillingsforschung und die Erfolge, die mit diesen Studien einhergehen.[31] Weshalb die genetische Wissenschaft

---

[30]Vgl. Fachjournal: *Neuropsychobiology*. 2006, Band 56, S. 47ff
Vgl. *https://www.maveracream.net/2011/04/27/genetische-disposition-von-suchtkrankheiten* (letzter Zugriff: 27.12.2017)
[31]Bei der klassischen Zwillingsforschung werden eineiige und zweieiige Zwillinge untersucht. Wenn monozygote Zwillinge einander in Bezug auf ein bestimmtes Merkmal stärker ähneln, als dizygote Zwillinge kann dies als Hinweis gedeu-

gerade dieser Art der Forschung die größte Relevanz beimisst, liegt dabei klar auf der Hand. Es ist die Tatsache, dass eineiige Zwillinge ein völlig identisches Erbmaterial besitzen. Jedes Gen im Körper des einen Zwillings ist in derselben Qualität auch im Körper des anderen Zwillings zugegen. Sie beide haben dieselben vererbten Baupläne und sind insofern die ideale Versuchsgruppe, um Abhängigkeitsverhalten auf die Genetik hin zu überprüfen. Dies tat ein amerikanisches Forscherteam der Universität von Minnesota auch. Sie starteten eine weltweite Untersuchung von monozygoten Zwillingen, die nach der Geburt von ihren leiblichen Eltern, die an einer Suchtstörung litten, zur Adoption freigegeben wurden. Die Zwillinge wurden bei der Adoption getrennt und wuchsen in weitere Folge bei unterschiedlichen Zieheltern auf. Ziel der Untersuchung war es nun, das Risiko der jeweiligen Zwillingspärchen zu ermitteln selbst an einer etwaigen Suchtstörung zu erkranken. Mittels dieser globalen Studie wurde schließlich festgestellt, dass völlig unabhängig vom unterschiedlichen, sozialen Milieu, in dem die Zwillinge getrennt voneinander aufwuchsen, Suchterkrankungen dennoch gehäuft auftraten. Dabei war es völlig unerheblich, welches Geschlecht die Zwillinge hatten. Und es war ebenso irrelevant

---

tet werden, dass das untersuchte Merkmal in besonderem Maße genetisch beeinflusst ist. Durch mathematische Analysen kann man die Heritabilität (den genetischen Anteil), sowie den Einfluss gemeinsam erlebter Umweltfaktoren (z. Bsp. in der Familie) näherungsweise bestimmen. In Verbindung mit molekulargenetischen Methoden können heute in solchen Zwillingsstudien auch einzelne Gene untersucht werden. Durch Kopplungsanalysen und Assoziationsanalysen lässt sich hierbei eine Rückführung auf einzelne oder mehrere Gene bezogen auf die Erblichkeit machen. Dies kann natürlich auch der Erforschung von Krankheiten zugutekommen. (Vgl. Boomsma D., Busjahn A., Peltonen L.: *Classical twin studies and beyond.* 2002, Nature Reviews Genetics 3, S. 872-882)

auf welchem kulturellen Erdteil diese Erhebungen gemacht wurden. Auch das Erziehungsverhalten der jeweiligen Zieheltern bzw. das Umfeld hatte keine signifikante Auswirkung auf das schlussendliche Abhängigkeitsverhalten der Monozygoten. Es lag, so die Forscher, grundsätzlich an den vererbten Genen der leiblichen Eltern.

1.5.1 Exemplifizierung der Zwillingsstudien

Zwecks deutlicherer Vorstellung soll diese Studie an einem Beispiel kurz skizziert und auf ihren Gehalt hin überprüft werden: Nehmen wir dazu an, wir verfügen über ein monozygotes Zwillingspärchen, das oben genannte Kriterien erfüllt und nicht bei den vorbelasteten, leiblichen Eltern aufwächst. Der Einfachheit halber wollen wir die beiden „Harry" und „Larry" nennen. Wenn nun Harry und Larry Monozygoten sind, die nach der Geburt zur Adoption freigegeben werden, dann könnte es durchaus sein, dass die beiden getrennt voneinander aufwachsen. Harry könnte bei einer alkoholkranken Ziehmutter in einem Slumviertel Brasiliens leben. Larry könnte behütet bei gesunden amerikanischen Zieheltern in einer Gated Community aufwachsen. Der eine beobachtet in seinem Umfeld Tag für Tag die Abgründe menschlichen Lebens. Er ist umgeben von Drogen und Gewalt. Das Geld für Bildung ist nicht vorhanden und auch die familiäre Situation lässt zu wünschen übrig. Der andere hingegen findet exakt gegenteilige Bedingungen vor und landet auf der Butterseite des Lebens. Soweit die Ausgangsbedingungen. Welchen ersten Schluss würden wir nun anhand der Ausgangslage bereits ziehen? Nun, in Harrys Fall würden wir genügend gute Gründe finden, weshalb er früher oder später mit hoher Wahrscheinlichkeit einer Suchterkrankung verfallen könnte. Wir würden (wie auch die Kritiker des genetischen

Ansatzes) keine Sekunde zögern, ihm diese oder jene Abhängigkeit aufgrund der allgemeinen Lebensbedingungen anzulasten. Wir würden sagen, dass sein Leben unter diesen Umständen eigentlich prognostizierbar und sein Abhängigkeitsverhalten vorhersehbar war. Schlechte psychosoziale und pädagogische Rahmenbedingungen als Triebfeder der Ausprägung eines Abhängigkeitsverhaltens sozusagen. Und hätte Harry keinen eineiigen Zwilling, würden wir uns auch nicht so schnell von unseren Annahmen abbringen lassen. Doch gerade Larry bringt diese Annahmen ins Wanken. Larry hat nämlich auch ein Abhängigkeitsverhalten entwickelt und das, obwohl er nur die guten Seiten des Lebens genießen durfte. Er entwickelte trotz diametraler Voraussetzungen ein ebenso ausgeprägtes Suchtverhalten. Doch in seinem Falle würden wir wahrscheinlich nicht so schnell auf die Idee kommen, sein Umfeld für die jeweilige Abhängigkeit verantwortlich zu machen. Larry wäre für uns einer dieser unerklärlichen Fälle, die mit dem Leben nicht klarkommen. Ein Typ, der trotz aller Annehmlichkeiten unerklärlich depressiv und deshalb abhängig ist. Herkömmliche, banale Erklärungsmuster würden in seinem Falle nicht greifen. In unserer Erklärungsnot würden wir deshalb vehement auf psychische Probleme und nicht aufgearbeitete Traumata referieren. Das ist auch ein Stück weit gar nicht so falsch, da auch solche Faktoren auf das Suchtverhalten mit einwirken. Sie sind, bildlich gesprochen, aber nur die Streichhölzer, die sich an der genetischen Reibfläche entzünden und so erst zu ihrem Feuer kommen.

Die Vererbungslehre erklärt uns an dieser Stelle, dass der genetische Bauplan an erste Stelle zu setzen ist. Nichts anderes! Habe ich das genetische Material Abhängigkeitsverhalten zu entwickeln, dann werde ich es auch entwickeln. All unsere Wertungen sind fehleranfällig und sogar falsch, wenn wir die genetische Komponente nicht in unser Kalkül einbeziehen. Im Falle von Harry und Larry bestätigt sich das auch. Wir vergessen ja ganz offensichtlich nach der Vererbungsmöglichkeit zu fragen. Das Verhalten der beiden wird größtenteils an den falschen Parametern festgemacht, denn die richtige Frage müsste lauten: Wie kann es sein, dass die Brüder trotz entgegengesetzten Lebensvoraussetzungen und unterschiedlichen Heimatorten dennoch das gleiche Abhängigkeitsverhalten aufweisen? Weshalb ist nicht nur Harry süchtig geworden nach dieser oder jener Substanz, sondern Larry auch? Der Schlüssel liegt in der Vererbung der Suchterkrankung über Generationen hinweg. Wenn die leiblichen Blutsverwandten an einer Suchterkrankung leiden ist in diesem Falle die Gefahr, eine Suchterkrankung zu entwickeln, überdurchschnittlich groß. Die Bezifferung liegt, wie bereits erwähnt, bei bis zu 90%. Dabei spielt es, wie bei Larry keine Rolle, ob er bei einer Familie in einer Gated Community aufwächst oder in den Slums. Seine Gene unterscheiden nicht zwischen Wohnvierteln. Auch die Tatsache, dass er sein Dasein bei genetisch nicht vorbelasteten Zieheltern verbringt, ist nicht von Bedeutung. Der persönliche Bauplan wird nur über die leiblichen Eltern erworben und das schließt eo ipso alle anderen Menschen aus. Dies bedeutet also im Umkehrschluss folgendes: Sollte innerhalb eines Familienstammbaumes eine Form von Suchterkrankungen über Generationen hinweg bestehend sein, dann spräche das für die hohe Wahrscheinlichkeit vererbter Gene. Diese Gene würden auch das Verhalten von Harry und Larry erklären. Und nicht nur das, sie würden das Suchtverhalten schlicht aller Menschen mit derartigem Bauplan erklären können. Jeder Mensch, dessen Erbmaterial diesen Defekt aufweist, ist betroffen.

Diese Menschen sind immer von dem Risiko umgeben, dass ein beliebiger Einfluss ihr Suchtverhalten auslöst. Vom *Stand by-Modus* in den Aktivmodus. Wie jeder von uns im Weiteren mit diesem Verhalten umgeht, das ergibt sich natürlich aus dem Umfeld, dem Milieu, der Bildung, der Erziehung und den eigenen Ressourcen. Man kann der Sucht nachgehen und sie ausleben. Oder man kann sie bekämpfen und zu unterdrücken versuchen. Diese Alternativen bieten sich. Doch dass wir überhaupt ein abhängiges Verhalten entwickeln, das ist laut der Zwillingsstudie den Genen geschuldet.

1.6 Persönliche Relevanz der Genetik für meine Nikotinabhängigkeit

Was könnte das alles für mich bedeuten? Nun denn, es wäre nach all dem Gesagten wirklich denkbar, dass ich genetisch vorbelastet bin und das Risiko für eine Abhängigkeitserkrankung bereits vererbt bekommen habe. Die Möglichkeit einer Vererbung ist zugegen. Eine geeignete und relevante Hirnregion (Habenula) für solch eine Abhängigkeit ist identifiziert. Die jeweiligen Risiko-Gene (TPH, CYP2A6,…), ihre Mutationen und Varianten sind bekannt. Und wie eben exemplifiziert ist auch der Grad des Anteils der Genetik, an einer Abhängigkeit zu erkranken gegeben. Zudem darf man als wissenschaftlich gut untermauert annehmen, dass andere potenzielle Einflüsse mehr oder minder eher ein Schattendasein führen könnten. Die durchgeführten Testungen und Studien sprechen aus genetischer Perspektive allesamt dafür. Zu diesem Schluss kommt auch der deutsche Neurologe Michael KLAUS, der die moderne, neurowissenschaftliche Forschung seit Jahren begleitet. Seine Einschätzung der Möglichkeiten einer vererbten Veranlagung für Abhängigkeitsstörungen teilt er wie folgt:

*„Es konnte gezeigt werden, daß mit einer hohen Korrelation
bis zu 90 % eine genetische Disposition von Suchterkrankungen besteht. Nicht nur die Erkenntnis der familiär gehäuften
psychiatrischen Erkrankungen, sondern auch die statistisch
betrachtet auftretende Verschlimmerung von Generation
zu Generation, unterstreicht diese Annahme (z. B. bei der
Schizophrenie leiden betrachtet von einem Erkrankten bei
den Eltern 6 %, bei den Geschwistern 9 %, bei den Kindern
12 % an dieser Krankheit). Bezüglich des Alkoholismus fand
man 1979 eine gehäuft auftretende Verminderung der Aktivität der Acetaldehyddehydrogenase, Anfang der 90er ein Allel
A1 auf dem Chromosom 11, verantwortlich für die Bildung
der DRD2 - Rezeptoren, 1995 eine oft verringerte MAOB -
Aktivität. Im Gegensatz zu der in den 70ern geäußerten Meinung, daß eine Suchterkrankung hauptsächlich sozial bedingt
sei, konnte mit Forschungsergebnissen gezeigt werden, daß
die Genese genetisch bedingt ist und damit zu der Definition,
daß hier ein bio-psycho-soziales Krankheitsgeschehen vorliegt, beitragen. Es ist zu vermuten, daß hinsichtlich der genetischen Disposition weitere Erkenntnisse anderer Genloka-
lisationen eine Rolle spielen werden, aus dieser Perspektive
wird ein multifaktorielles, genetisch multilokuläres Geschehen vermutet. "* [32]

Demnach kann ich sagen, dass ich für mich persönlich den ersten
neuralgischen Checkpoint ausfindig gemacht habe. Er findet sich in
meinen Genen wieder. Nichtsdestotrotz werde ich an dieser Stelle
nicht den Fehler machen meine Abhängigkeit monokausal erklären zu wollen. Auch ich bin der Meinung, dass die Genetik, als
Hauptursache etwas zu kurz greifen könnte. Obschon die Resultate
auf diesem Gebiet eindrucksvoll sind erscheint es mir einfach zu

---

[32]Zit. nach Klaus M. in *https://www.maveracrem.net/2011/04/27/genetische-
disposition-von-suchtkrankheiten* (letzter Zugriff: 27.12.2017)

billig, solch komplexe Verhaltensmuster, wie die Nikotinabhängigkeit an nur einem Punkt festmachen zu können. Die Aussage: „Ich rauche, weil ich genetisch bedingt gar nicht anders kann", ist auch mir zu dürftig. Zwar waren auch meine Eltern und Großeltern bereits nachweislich Raucher, doch beweist das noch lange nicht, dass mein Nikotinproblem deshalb großteils aus der Vererbungslehre resultieren muss. Es muss, so meine Hoffnung, noch andere Erklärungsvarianten geben. Also gilt es Ausschau zu halten nach weiteren Eckpfeilern. Es muss noch weitere Punkte geben, die mich dazu getrieben haben könnten, an einem Sonntagmorgen statt dem Bäcker lieber den Zigarettenautomaten aufzusuchen. Und nachdem ich mich ja notwendigerweise in meinem Leben rückwärts zu bewegen habe, ist mir auch solch ein zweiter Punkt bereits untergekommen. Er fällt auf den Zeitpunkt meiner Geburt, den 3. März 1975. Nicht, dass es an meiner Geburt per se lag und mein Geburtsvorgang etwa von Komplikationen begleitet war. Es war eine Geburt, wie unzählige andere auch. Kein Kaiserschnitt und keine Besonderheiten. Eine einfache Geburt. Es lag an etwas anderem.

2 Zweiter neuralgischer Punkt – Der psychosexuelle Zugang

Machen wir also nochmals einen Zeitsprung und gehen zurück in das Jahr 1975. Es ist das Jahr, in dem meine Augen das Licht der Welt erstmals erblickten. Ich war das, was man gemeinhin als *Wunschkind* bezeichnen könnte. Jedoch schien es zunächst noch so, als ob ich lediglich ein *Kinderwunsch* bleiben würde. Es sollte einfach nicht sein. Erst nachdem mein Vater das sexuelle Pensum nochmals erhöhte, klappte auch die Schwangerschaft meiner Mutter. Und so wuchs ich die Monate im Mutterleib heran, ehe am 3. März die Hebamme der Linzer Kinderklinik verkündete: „Gratulation Frau Irka, es ist ein strammer und gesunder Junge." Und da war ich endlich, der heißersehnte Nachwuchs. Ein kleiner Junge, der um 9.30 Uhr in der städtischen Frauenklinik den ersten ordentlichen Schrei tat. Nach vielen Stunden hatte meine Mutter es endlich geschafft und mich in die Welt gepresst. Und da war ich nun, bereit diese Welt auch zu erkunden. Sie gestaltete sich für mich jedoch vorerst in Form des Waschbeckens der Entbindungsabteilung. Die Hebamme dort hieß Rosa. Sie hatte schwarze Haare (und einen strammen Damenbart) und der entbindende Arzt hieß Dr. Lungauer. Warum ich das alles so genau weiß? Nun, weil ich bei meinen Recherchen natürlich auch auf alte Bilder gestoßen bin. Unter anderem auf ein vergilbtes Geburtsfoto in einem Baby-Buch. Sie kennen doch diese Bücher, in denen man die kindlichen Entwicklungen der ersten Jahre festhält. Wo von den Eltern notiert wird, was die ersten Worte des Kindes waren, die ersten selbstständigen Schritte, der erste Geburtstag, der erste Schiss ins Töpfchen usw. Meine Eltern hatten dieses Erinnerungsbuch damals ganz offensichtlich von der Stadt Linz erhalten. Es war wohl Brauch, allen frisch gebackenen Eltern solch ein Buch mit auf den Weg zu geben. Als nette Geste, sozusagen. In diesem Buch fanden sich auf den vorderen Seiten auch Bilder der Stadt mit ihren Sehenswürdigkeiten und Denkmälern.

Im Rückblick muss ich sagen, dass Linz bereits vor dreiundvierzig Jahren seinen ganz speziellen, grauen Charme hatte. Diese Stadt samt Sehenswürdigkeiten wirkte immer, wie von einem grauen Schleier umhüllt, einem Schleier aus Ruß und verbrannter Kohle. Schuld daran zeichneten und zeichnen sich nach wie vor die Stahlwerke VOEST Linz, die mit zahlreichen Schloten die Brennrückstande von der Stahlgewinnung in den Linzer Himmel pusten. Und zu allem Überfluss befinden sich neben dem riesigen Areal der VOEST auch noch die Linzer Chemie Werke, die gefühlt die gleiche Menge an übel riechendem Qualm in die Luft stoßen. Keine guten Aussichten also auf reine Luft in der Stahlstadt Öster-reichs. Ich kann nicht beurteilen, ob diese schlechte Luft letztlich auch verantwortlich war, für meine Atemwegserkrankungen in der Kindheit. Es verging aber gefühlt kein Monat, in dem ich nicht in der Nacht mit Erstickungstendenzen aus dem Schlaf gerissen wur-de. Oft genug musste mein Vater deshalb spät nach Mitternacht noch in die nächste, offene Apotheke fahren, um Medikamente zu besorgen. Meine Mutter beruhigte mich einstweilen zu Hause, während wir auf den Bereitschaftsarzt warteten. Und das konnte dauern bei den Ärzten am Spallerhof.

Ansonsten präsentierte sich Linz im Baby-Buch von der besten Sei-te: Medizinische Einrichtungen, Kindergärten, Schulen und lauter nette Politiker, deren Konterfeis aus diesem Buch herausblitzten.

Und inmitten der Bilder von Dr. Kirchschläger und Co. fand auch ich mich wieder. Ein strammer und gesunder Junge, der mit seinem Körpergewicht von 3980 Gramm und einer Größe von 53 Zentimetern so manchen anderen Säugling auf der Station überragte. Mein Haar war kohlrabenschwarz. Es schoss in regelrechten Büscheln aus meiner Kopfhaut hervor. Meine Finger waren verschrumpelt, meine Augen funkelten blau und meine Haut war weich wie Daunenfedern. Was meine Haut jedoch noch war – und das lag nicht an der Fotoqualität – sie war gelb. Ich sah aus, als hätte man mich komplett in einen Farbkasten getaucht. Von den Zehen bis zum Kopf. Und so wurden wir auf dem Foto da verewigt: Meine stolzen Eltern, der Arzt, Rosa und ich: Ein schreiendes, gelbes Baby.

2.1 Die Krankenhausverlegung – never change a winning team!

Dies war auch der Grund, warum man mich unmittelbar nach meiner Geburt mit Verdacht auf Gelbsucht in das Landeskrankenhaus Linz überstellte. Und eben jene Verlegung ist, bezogen auf meine Raucherlaufbahn, auch als zweiter neuralgischer Punkt zu nennen. An dieser Weggabelung hat das Leben mich wohl erstmals falsch abbiegen lassen und das bereits nach so kurzer Zeit. Nicht, dass die Gelbsucht per se das Problem gewesen wäre. Etwa 60% aller Neugeborenen entwickeln in den ersten Lebenstagen eine mehr oder minder stark ausgeprägte Gelbfärbung der Haut. Diese Färbung ist in der Regel völlig harmlos, da sie ab dem fünften Lebenstag ohne fremdes Zutun allmählich wieder verblasst. In meinem Falle jedoch trat genau das Gegenteil ein. Meine Bilirubin-Konzentration stieg vom ersten Tag so stark an, dass die Gefahr einer dauerhaften Gehirnschädigung diagnostiziert wurde. Das Bilirubin wollte die Blut-Hirn-Schranke überwinden und in das

Gehirn eintreten, was zu einer dauerhaften Schädigung der empfindlichen Gehirnstrukturen geführt hätte. Um dies zu vermeiden, wurden Neugeborene mit starker Gelbsucht präventiv mit einer sogenannten Phototherapie behandelt. Und so kam es, dass ich zwecks medizinischer Akutsituation eben in das Landekrankenhaus in Linz überstellt wurde. Mit dieser Verlegung jedoch ging wenig vorteilhaft auch einher, dass mir meine Mutter entzogen wurde. Ich wurde praktisch mit dem Geburtsmoment von ihr getrennt und sie blieb die nächste Zeit allein der Kinderklinik. Eine Zeit ohne Berührungen, ohne Nähe, ohne Körperkontakt zu ihr. Stattdessen ein einsamer Lebensbeginn in einem Lichtkasten. Diese Kästen, welche große Ähnlichkeit zu den heutigen Brutkästen für Frühgeborene hatten, waren in der damaligen Zeit so konzipiert, dass mittels Leuchtdioden oder Fluoreszenzröhren das Neugeborene von oben beleuchtet wurde. Zusätzlich sorgten spezielle fiberoptische Leuchtmatten auch noch für eine Beleuchtung mit Blaulicht von unten. Was mich nun betraf, so hatte ich leider das Pech, beinahe zwei ganze Wochen in diesem Fotokasten zubringen zu müssen. Verstehen Sie mich nicht falsch: Die Therapie war natürlich notwendig, keine Frage. Man stelle sich nur vor, das Bilirubin wäre bis in das Gehirn vorgedrungen und hätte begonnen, dieses zu befallen. Nicht auszudenken!

Das Pech diesbezüglich war, um nun die Verbindung zum Rauchen zu schlagen, dass ich während dieser abgeschirmten Zeit noch nie an der Mutterbrust gestillt wurde. Wie auch? Meine Mutter lag in einem anderen Krankenhaus. Und da wo ich war, wurde ich künstlich über eine pädiatrische Sonde gestillt. Diese Ernährungssonde sorgte dafür, dass mir ein Muttermilchersatz oral zugeführt werden konnte. Alle drei Stunden wurde ich in dieser Lichtbox gestillt. Doch warum war meine Mutter nicht hier? Aus welchem Grund musste ich einen halben Monat auf eben den Menschen verzichten, der in dieser Zeit wohl der wichtigste für den Säugling ist – die stillende Mutter? Auch die intensivsten Nachforschungen haben für mich keine zufriedenstellende Klarheit gebracht. Von allen Seiten hieß und heißt es dazu nur, dass man selbst nicht wisse, warum eine Trennung dazumal vonnöten war. Ein altgedienter Arzt des LKH Linz meinte bei meinen Recherchen zwar, dass es damals sehr wohl die Möglichkeit gegeben hätte, die Mutter mitsamt dem Kind zu verlegen. Das wäre aber meist an den finanziellen Mitteln der Betroffenen gescheitert. Solch eine Verlegung nämlich war immer mit der Forderung von ein paar hundert Schilling seitens der Stadt Linz verknüpft. Geld, das meine Eltern damals sicher nicht gehabt haben.

Meine Mutter wuchs unter ärmlichen Verhältnissen in Kefermarkt auf, einem kleinen Bauernörtchen bei Linz. Sie war die jüngste von drei Geschwistern und wohnte mit ihrer Mutter und dem alkoholkranken Vater im hiesigen Gemeindehaus. Blickte man dort aus dem Küchenfenster, sah man auf gleicher Augenhöhe die Füße und Schuhe der vorbeigehenden Passanten. Tollwütige Ratten liefen umher und plünderten die Mistkübel. Sie waren aber auch im Keller des Gemeindehauses zugegen. Genau dort, wo meine Mutter als Kind wohnte. Ein Leben unter Ratten und ohne finanzielle Mittel, der Kellerwohnung zu entfliehen. Mein Vater wiederum verbrachte seine Kindheit in einem Erziehungsheim nahe Molln. Er war eines der vielen Kinder, die damals ohne Bezug zu den leiblichen Eltern in solchen staatlichen Institutionen aufwuchsen. Die damaligen Bedingungen dort würde man heute unweigerlich mit dem Syndrom des Hospitalismus in Verbindung bringen.[33] Emotionale Kälte, disziplinäre Züchtigung und Isolation waren an der Tagesordnung. Ein Leben unter eiserner Aufsicht und Rigorosität. Das Kuriose an der ganzen Geschichte ist, dass eines der vielen anderen Heimkinder mein heutiger Schwiegervater in spe ist. Genauso wie mein Vater, verbrachte auch er seine Kindheitsjahre in Leonstein. Dementsprechend prägend dürfte auch sein Aufenthalt dort gewesen sein. Doch lange Rede, kurzer Sinn: Meine Eltern landeten leider eher auf der ungebutterten Seite des Lebens und waren auch nicht gesegnet mit monetären Mitteln.

---

[33]Unter Hospitalismus (ursächlich auch Deprivationssyndrom genannt) versteht man alle negativen körperlichen und psychischen Begleitfolgen eines Krankenhaus-, Sanatorium- oder Heimaufenthalts oder einer Inhaftierung. Zu den Ursachen gehören auch mangelnde Umsorgung und lieblose Behandlung von Säuglingen und Kindern, in der Psychiatrie Symptome infolge von Heimaufenthalt, Folter oder Isolationshaft. Der Ausdruck Deprivationssyndrom stammt vom Begriff „Deprivation" (lateinisch deprivare „berauben") und bezieht sich auf den Entzug von Reizen und Zuwendung. Je nach Ursache und Schweregrad spricht man beim Hospitalismus auch von psychischem Hospitalismus (Deprivationssyndrom, psychische Deprivation) oder von infektiösem Hospitalismus. Ist die Vernachlässigung hauptsächlich seelischer/emotionaler Art, spricht man von psychischem Hospitalismus (Deprivationssyndrom, emotionale Deprivation). Besteht die Vernachlässigung im Vorenthalten pflegerischer sowie fürsorgerischer Maßnahmen oder ist die seelische oder psychische Deprivation so schwerwiegend, dass sie sich sowohl seelisch als auch körperlich manifestiert, spricht man von infektiösem Hospitalismus (Nosokomiale Infektion). Eine klare Trennung der Termini kann jedoch nicht oder nur grob erfolgen, denn die Übergänge sind fließend, und es sind stets die individuellen Umstände zu berücksichtigen. Es wird davon ausgegangen, dass eine schwere seelische Deprivation auch körperliche Folgen nach sich zieht und umgekehrt bei schwerer pflegerischer Vernachlässigung auch psychische Symptome auftreten. Zit. https://de.wikipedia.org/wiki/Hospitalismus (letzter Zugriff 18.11.2018)

2.1.1 Das Geburts-Nikotinabhängigkeits-Modell

Vielleicht war gerade diese Tatsache also ausschlaggebend dafür, dass ich getrennt von meiner Mutter lag. Wer weiß? Fakt ist: Ich kannte infolge der Trennung keine natürlichen Prozesse, die ein Baby gewöhnlich in den ersten Tagen durchlebt. Keine vertraute Stimme, kein Stillen, kein Schlafen bei der Mutter usw. So verwundert es in weiterer Folge wohl nicht, dass ich nach dieser Zeit im Lichtkasten weder auf die Brust meiner Mutter reagierte noch einen Bedarf an Muttermilch hatte. Wie auch? Als ich das Krankenhaus verlassen durfte, war nicht nur die „Muttermilchquelle" längst versiegt, sondern ich hatte mich auch bereits an die Ersatzstoffe gewöhnt. Und eben diesen, meines Erachten nach unbefriedigenden Zustand mache ich heute mitverantwortlich für den Beginn meiner ausgedehnten Raucherzeit. Geradewegs die Tatsache, dass mir von Anbeginn etwas vorenthalten wurde, nämlich der körperliche Bezug zu meiner Mutter, scheint mir als Auslöser meiner Nikotinsucht möglich. „Sucht" entstammt dem Begriff „Suche" und auf der Suche ist man ja wohl nur dann, wenn etwas fehlt im Leben. Instinktiv ist ein Neugeborenes auf dieser Suche, einer Suche nach Befriedigung des momentanen Zustandes fehlender Wärme und Nahrung. Es ist abhängig von diesen Dingen und braucht sie. Es weiß im tiefsten Inneren, dass es eine Nahrungsquelle gibt; es kennt den Herzschlag der Mutter; es weiß, um die Körpertemperatur der Mutter; es weiß latent, um die Verbindung von angeborenem Saugreflex und mütterlichem Saugobjekt (Mutterbrust). Es hat dies alles bereits pränatal abgespeichert und fortan geht es vorrangig um das erfolgreiche Finden. Doch es gibt eben auch eine Vielzahl von Fällen, wo diese Suche nicht von Erfolg gekrönt ist. Fälle, bei denen man vergeblich nach dem Original sucht und nur mit billigen Kopien *abgespeist* wird. Insgeheim weiß man, dass der Fotokasten zwar Wärme ausstrahlt, jedoch ist es eine andere, als die mütterliche Wärme. Man bekommt zwar Nahrung, jedoch ist es nicht die Muttermilch. Und es ist auch nicht die Mutterbrust, an der man gesäugt wird. Es sind Plastikschläuche, die am Gaumen festgeklebt werden. Es handelt sich nur um einen jeweiligen Ersatz. Man gibt sich für den Moment auch zufrieden, doch die unbewusste Suche nach dem Original lässt einen nicht los. Und so beginnt man über die Jahre etwas Vorenthaltenes zu suchen, es treibt einen regelrecht dazu. Wie die Suche nach dem heiligen Gral. Man stöbert hier und man sucht da, man glaubt ihn in diesem oder jenem gefunden zu haben. Man probiert dies und man probiert das. Und zum Schluss findet man doch nur wieder Imitate.[34]

Bezüglich meiner Suche müsste man also sagen, dass ich das Nikotin als Imitat, als Ersatzstoff gefunden habe. Grafisch würde sich mein Sachverhalt demnach wie folgt darstellen:

---

[34]Kleines Wortspiel dazu gefällig? Das *Stillen* des Säuglings *stillt* die Bedürfnisse des Säuglings und erst nach dem *Stillen* der Bedürfnisse kehrt *Stille* ein. Wir können also das mütterliche Stillen, als ein Stillen der Bedürfnisse des Babys verstehen. Demnach ist die Mutter die Bedürfnis-Stillerin. Doch fehlt diese Quelle, müssen die Bedürfnisse anderweitig gestillt werden. Klar soweit?

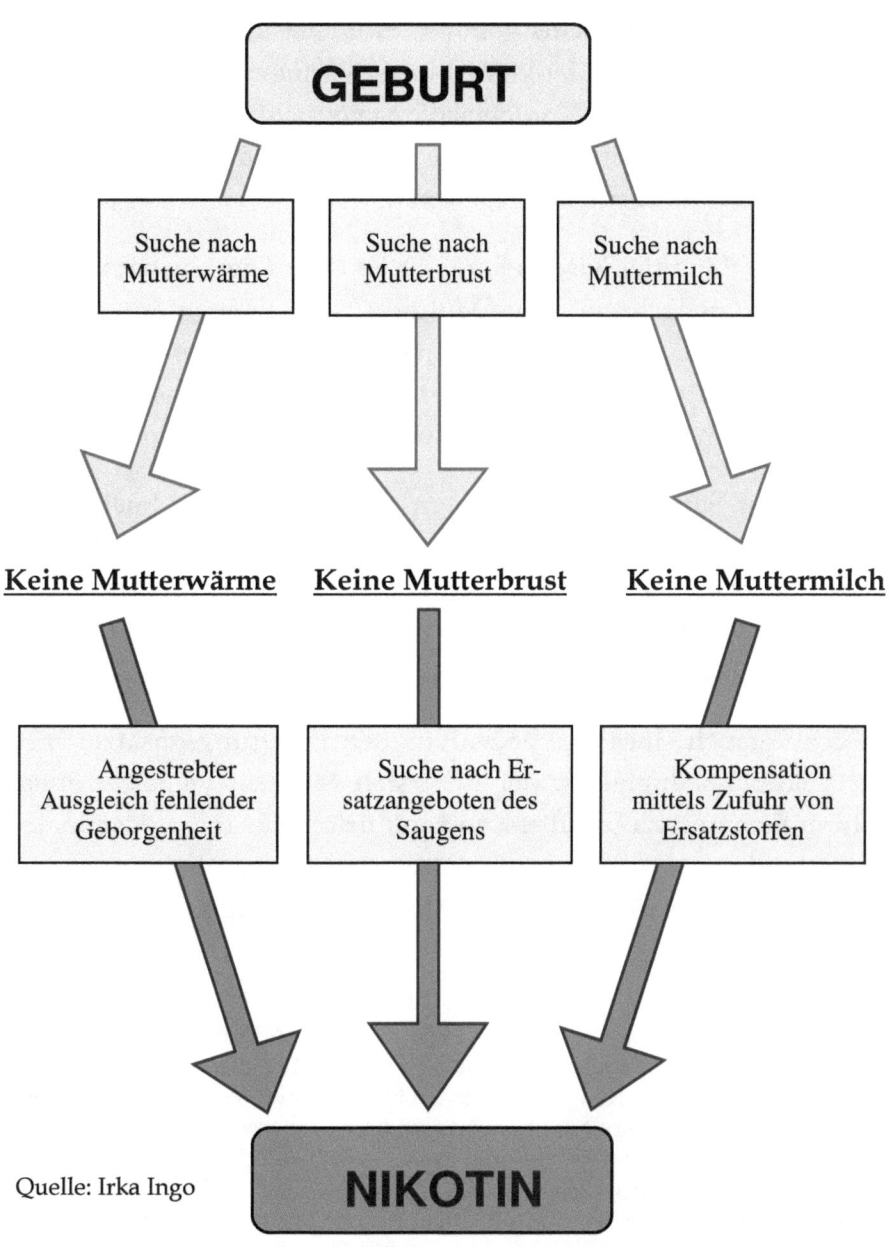

Quelle: Irka Ingo

Weg 1: Der Säugling wird geboren → Er ist auf der Suche nach Mutterwärme → Er findet keine Mutterwärme → Er sucht im späteren Lebensabschnitt Kompensationsmöglichkeiten für die fehlende Wärme → Er findet sie u.a. in Zigaretten, die ein Gefühl von Wärme und Geborgenheit suggerieren.

Weg 2: Der Säugling wird geboren → Er ist auf der Suche nach der Mutterbrust → Er findet keine Mutterbrust → Er sucht im späteren Lebensabschnitt Ausgleich für das fehlende Ansaugen und Anziehen an der Mutterbrust → Er findet sie u.a. in Zigaretten, an denen er, analog zum Still-Takt, ca. alle zwei bis drei Stunden anzieht.

Weg 3: Der Säugling wird geboren → Er ist auf der Suche nach Muttermilch → Er bekommt keine Muttermilch, sondern nur Ersatzmilch → Er sucht im späteren Leben nach weiteren Ersatzstoffen, die etwas Spendendes an sich haben → Er findet sie u.a. im Ersatzstoff Tabak bzw. im Nikotinkonsum.

So der Versuch eines psychoanalytischen Erklärungsansatzes meiner Nikotinabhängigkeit, der im ersten Moment vielleicht etwas befremdlich und zu banal erscheinen dürfte. Alle diese postnatalen Versäumnisse so zu deuten, als wären sie alleinig schuld an meiner Abhängigkeit. Es sieht im ersten Moment zu billig aus.[35] Doch lassen sie es wirken!

---

[35]Auch wenn dieser Erklärungsversuch relativ simpel daherkommt, so hält er sich doch streng an philosophische Richtlinien. Er ist deshalb einfach gehalten, weil er in seiner Simplizität der Komplexität des Problems meines Suchtverhaltens überlegen ist. Die einfache Struktur orientiert sich streng am *Ockham'schen Prinzip der Parsimonie*, einem Forschungsprinzip aus der frühen Scholastik. Dieses philosophische Prinzip von *Willem v. OCKHAM* besagt nichts anderes, als dass die Bildung von erklärenden Hypothesen größtmögliche Sparsamkeit bietet. Vereinfacht ausgedrückt ist dabei die einfachste Theorie für ein und denselben Sachver-

Warum also, frage ich sollte es nicht so sein, dass fehlende Mutternähe und das fehlende Säugen später ausgeglichen werden durch eine substanzbezogene Sucht? Aus welchem Grund sollte mein Zigarettenkonsum in keiner Korrelation zu meinen Erlebnissen in den ersten beiden Lebenswochen stehen? Es wäre doch durchaus denkbar, dass der Saugreflex, die verspürte Befriedigung danach und die zeitlichen Zyklen, in denen man dieses Verlangen stillt, in einem Verhältnis zueinander stehen. Saugen im zeitlichen Zweistundentakt, als Säugling an der Mutterbrust, als Jugendlicher an den Zigaretten. Ja, es wäre dies alles durchaus möglich und wieder können wir uns dabei die Erkenntnisse der Wissenschaft zunutze machen. Es gibt nämlich einen Ansatz, der genau diese Gedanken aufgreift und dabei die Ursache des menschlichen Suchtverhaltens bereits im Säuglingsalter verortet: Der psychoanalytische Ansatz von Sigmund FREUD.[36]

2.2 Der psychoanalytische Zugang von Sigmund Freud

Die Psychoanalyse richtet ihren Blick besonders auf das Beziehungsgeflecht von Kleinkindern und deren Eltern in der frühen Kindheit. Man geht davon aus, dass ungelöste und unbewusste Konflikte in diesem Gefüge, das Entstehen von Süchten wesentlich bedingen. Nach Freud, ist das Säuglingsalter bereits das Sprung-

---

halt allen anderen möglichen, komplexeren Erklärungen vorzuziehen. Diese Theorie darf dann als einfach angesehen werden, wenn 1) sie wenige Variablen und Hypothesen enthält und 2) wenn diese in logischen Beziehungen zueinander stehen. (Vgl. Dupre' B., *Philosophie – 50 Schlüsselideen*, Springer Verlag 2014, S.140ff.)

[36]*Sigmund FREUD* (1856 – 1939) war ein österreichischer Neurologe, Tiefenpsychologe und Religionskritiker. Er ist der Begründer der Psychoanalyse und gilt als einer der einflussreichsten Denker des 20. Jahrhunderts, dessen Theorien und Methoden bis heute angewendet werden.

brett für viele unserer Einstellungen und Verhaltensweisen im Alter. Für ihn ist es unbestritten, dass sich die Persönlichkeit eines Menschen ab der Geburt bis zum Erwachsenwerden bildet. Das Ziel dieser Reifeentwicklung ist laut Freud ein starkes „Ich", also eine starke Persönlichkeit mit gesundem Selbstvertrauen. Dieses optimale „Ich" kann dabei nur unter Begünstigung aller Lebensfaktoren, wie Gesundheit, Geborgenheit, emotionale Zuwendung usw. erreicht werden. Ein notwendiges Scheitern scheint dabei schon fast vorprogrammiert. Gemessen am Optimum erlangen wir infolge ungünstiger Verhältnisse zwangsläufig niemals diesen, bereits erwähnten Übermenschen von Nietzsche.

Freud unterteilte bei seinem Ansatz die Lebensjahre des Menschen in fünf Entwicklungsphasen. Diese Phasen bauen von der Geburt bis zur Pubertät aufeinander auf. Die Aufmerksamkeit und Lust des Kindes richtet sich nach Freud in den unterschiedlichen Phasen jeweils a) auf ein anderes Objekt und b) auf ein eigenes Körperteil. Zudem ist jede Phase mit besonderen Herausforderungen an die Entwicklung verbunden. Störungen in einer dieser Phasen führen laut Freud zu lebenslangen Konflikten. Welcher Art diese Konflikte sind und in welcher dieser sogenannten psychosexuellen Entwicklungsphasen sie entstehen können, wird nun zu prüfen sein. Für Freud war jedenfalls sonnenklar, dass der Mensch bereits mit dem ersten Atemzug in das Rad der persönlichen Entwicklung eingebunden ist. All das, was wir in den ersten Lebensminuten, Tagen und Wochen um uns erleben, steuert unseren weiteren Verlauf maßgeblich. Es verstärkt künftiges Verhalten in einem Bereich, es mindert Verhalten in anderen Bereichen und es prägt Verhaltenszüge. Kurz, ein breites Spektrum der ganzen Persönlichkeit wird in diesen Jahren entfaltet.

2.2.1 Die orale Phase

Die erste Phase nun ist dadurch gekennzeichnet, dass die Babys versuchen alles in den Mund zu nehmen und oral wahrzunehmen. Sinngemäß nennt Freud diese erste Entwicklungsphase auch die orale Phase und verortet sie zeitlich von der Geburt bis zum ersten Lebensjahr. In dieser Zeit wird die Umgebung ausschließlich mit den Lippen und der Zunge erkundet. Säuglinge machen in dieser Zeit die Erfahrung, dass ihre Bedürfnisse und ihr grundlegendes Verlangen über den Mund befriedigt werden kann. Die Nahrungsaufnahme, das Daumen- oder Zehen lutschen, das Berühren von Objekten mit Lippen und Zunge oder das Nuckeln an diesen Gegenständen. Die Lustzone des Kindes, wie Freud sie benennt, liegt zu dieser Zeit ganz klar im oralen Bereich und der Kontaktaufnahme mit dem Mund. Es ist allegorisch ein sukzessives Aufnehmen und *In-Sich-Aufsaugen* der dargebotenen Reize und Umwelterscheinungen mit dem das Baby sich der Welt primär zuwendet.[37] Alles, was das Baby mit dem Mund bewerkstelligen kann (Saugen, Lutschen, …) verschafft ihm ein angenehmes Lustgefühl und führt überdies zu einer Reduktion und Kompensation von internal erlebten Spannungszuständen. So können Babys etwa nicht nur an den eigenen Fingern lutschen, weil es ihnen Lust bereitet. Sie können zudem mit dem Fingerlutschen auch ein aufkommendes Gefühl eines Hungerzustandes unterdrücken, da die Quelle der Nahrung (Mutterbrust) noch nicht verfügbar ist.

Nach den Erkenntnissen Freuds wird in dieser Zeit auch eine starke Bindung zur Bezugsperson aufgebaut. Das Kind ist noch voll-

---

[37]Vgl. Fend H., *Entwicklungspsychologie des Jugendalters*, Verlag für Sozialwissenschaften, 2003, S. 82f

ständig abhängig von der sogenannten Primärgruppe – das sind die ersten Personen, zu denen ein Kind eine intensive Bindung aufbaut. Störungen innerhalb der Primärgruppe, die in diesem Lebensalter auftreten, können beim Kind später zu verschiedenen Negativ-Auffälligkeiten führen.[38]

2.2.2 Die anale Phase

Mit dem zweiten und dritten Lebensjahr verschiebt sich Freud zufolge dann das Lustzentrum vom oralen hin zum analen Bereich. In diesen beiden Lebensjahren lernen die Kinder das Ausscheiden und auch das Behalten von Körperexkrementen. Es ist dies die Phase, in der das Kind die Kontrolle über den eigenen Körper erfährt und das Zurückhalten und Ausstoßen als angenehm und lustvoll erlebt. Analog dazu tritt auch das Umfeld des Kindes (vorerst primär in Form der eigenen Eltern) verstärkt auf den Plan. Mutter und Vater wollen, dass das Kind trocken wird, nicht mehr unkontrolliert mit seinen Ausscheidungen umgeht und sich an gewisse Regeln hält. Sätze wie: „Wenn du „Pipi" oder „Kacka" machen musst, dann musst du das am Töpfchen machen" oder „Die Windeln brauchst du nicht mehr, denn du bist ja schon ein Großer und kannst auf das Töpfchen gehen", dominieren seitens der Eltern in dieser Phase. Das Problem, so Freud, weshalb der Erfolg der Eltern sich dabei in Grenzen halten kann ist, dass die Kinder zeitgleich auch das eigene „Ich" entdecken. Sie lernen, dass sie selbst es sind, die die Umwelt mit ihrem Handeln mitbeeinflussen und sich mit einem „Nein" durchaus abgrenzen können. Dieses Auflehnen gegen Forderungen von außen, mittels Ungehorsam

---

[38]Zit.: https://www.vaterfreuden.de/vaterschaft/baby-bis-1-jahr/was-ist-eigentlich-die-orale-phase (letzter Zugriff: 24.11.2018)

und einer gehörigen Portion Renitenz, wird dabei von den Kindern als toll und motivierend erlebt. Sie erleben plötzlich ein Mitspracherecht, wenn es um ihre eigene Person geht. Es erfüllt sie mit Freude, dieses Recht in Form von Auflehnung einsetzen zu können. Auch, wenn sie manche Eltern damit an den Rand des Wahnsinns bringen können. Wenn ein dreijähriges Kind etwa partout das Töpfchen verweigert und entgegen aller Forderungen der Eltern dennoch permanent in die Hose macht, dann empfinden Kinder das als lustvoll. Es ist ein Stück weit Macht über die eigenen Eltern, das sie ausüben. Sie erkennen, dass sie selbst es sind, die Einfluss auf die jeweilige Situation ausüben.

Von einer Erzählung her weiß ich, dass ich meinem Vater etwa zu dieser Zeit einmal ordentlich ins Genick gepisst hatte. Wir waren im Hallenbad und er hatte mich auf seine Schultern genommen. Diesen Höhenflug dürfte ich laut ihm ganz entspannt mit einer ordentlichen Ladung Urin in sein Genick quittiert haben. So nach dem Motto: Ein bisschen in die Hose machen ist jetzt noch das Highlight der Situation. Als mein Vater mich sofort von seinen Schultern wieder herunternahm, musste ich ziemlich verärgert reagiert haben. Ich „verzog das Gesicht, wie ein indischer Faltenhund und begann zu weinen." Demgemäß kann man diese zweite Phase auch als *machtorientierte* Trotzphase bezeichnen.

2.2.3 Die phallische Phase

Nach Freud endet diese Phase zeitlich mit dem Beginn des vierten Lebensjahres und geht über in die sogenannte Phallusphase. In dieser Phase wechselt auch das Lustzentrum wieder und zentriert sich nun auf die Genitalien des Kindes. In der phallischen Phase erlangen die Kinder Bewusstsein über ihre Genitalien. Sie entdecken die Geschlechtsorgane und nehmen die Beschäftigung mit diesen als lustvoll wahr. In dieser Zeit wird man also Kinder des Öfteren dabei beobachten können, wie sie ihre Geschlechtsorgane unter die Lupe nehmen und bereits beginnen, zwischen männlichen und weiblichen Genitalien zu differenzieren. Geradewegs die von Eltern so gefürchteten „Doktorspiele" zwischen Jungen und Mädchen sind ein prägendes Element dieser dritten Phase. Diese Phase ist aber auch gekennzeichnet von den ersten bewussten Handlungen und Erlebnissen. Wenn Erwachsene sich zurück erinnern, dann starten sie zumeist mit den Erinnerungen aus dieser phallischen Phase heraus. In diesem Zeitfenster prägt sich das Langzeitgedächtnis aus. Die Verknüpfungen von Kurzzeit- und Langzeitgedächtnis häufen sich und Erlebtes wird abrufbar gespeichert.

Das ist auch der Grund, weshalb mir sofort mein erster Urlaub in Italien einfällt, wenn ich an diese Zeit zurückdenke. Ganze drei Wochen Sommerurlaub, fernab der Heimat, nur meine Mutter und ich. Mein Vater kam erst in der zweiten Woche nach, da er berufsbedingt vorher nicht konnte. Für mich herrschten hier ungekannte Zustände. Sand, Sonne, fremde Sprachen und natürlich jeden Tag *Gelati*. Das kannte ich von zu Hause nicht. Dort waren Badetage am Trauner Oedtersee gebräuchlich. Hier war der Sand aus Gras, der Himmel bewölkt und die Sprache hörte sich immer an wie: „Erst, wenn du die Essigwurst fertig gegessen hast, bekommst du vielleicht ein Eis." Der ganze Urlaub in Italien hatte aber, wie ich erfahren habe einen ernsten Hintergrund. Wir machten ihn in erster Linie, weil ich während meiner Kindheit, wie erwähnt an starker Bronchitis litt. Meine Mutter rannte deshalb von Pontius zu Pilatus mit mir. Die einhellige Meinung sämtlicher Ärzte damals war, mir einen Urlaub am Meer anzuraten. Die salzige Luft würde meine

Bronchien reinigen und mir das Atmen erleichtern. Ich wünschte ich könnte berichten, dass es half. Doch ich plagte mich auch die nächsten zehn Jahre noch mit Atembeschwerden herum. Dennoch ist mir dieser Urlaub noch genau in Erinnerung. Es erfüllt mich mit kindlicher Freude, wenn ich ihn als erste prägende Erinnerung an diese Phallusphase anhefte.

2.2.4 Die Latenzphase

Noch dazu, weil die anschließende Latenzphase (6.-12. Lebensjahr) nach Freud hingegen eine eher langweilige und unauffällige Zeitspanne datiert. In dieser Zeit wirken lediglich die Themen der vorangegangenen drei Phasen nach. Sie wird dominiert von der Sozialisation des Kindes und den damit verbundenen Ereignissen, wie der Eintritt in das Schulleben, die Zeiten im Hort, das Beitreten zu einem Sportverein oder ähnlichem. Die wichtigsten Faktoren sind dabei klar im Loslösen von engen familiären Bindungen und im konstruktiven Aufbau von anderen Sozialbeziehungen (Schulfreunde, Pädagogen, …) zu finden. Dies alles kann ich nur unterschreiben. Was mich aber noch an diese Phase erinnert sind Ereignisse, wie etwa das Aufnehmen der sonntäglichen Ö3 Top 40-Hits auf Kassettenrecorder, das erste Mal Spaghetti al arrabiata, der erste selbstgekaufte Märklin Waggon oder ein Donkey Kong Tricotronic. Und auch das erstmalige Ausschlagen der vorderen beiden Schneidezähne beim Sprung über die Mistkübel. Besser, beim Sprung *gegen* die Mistkübel. Viel Alltägliches also, für Kinder in diesem Alter.

Ein Ereignis aber gibt es, dass ich ganz stark mit dieser Zeit verbinde. Es ist das Reparieren eines alten Kastens mit meinem Vater. Wir hatten diesen Kasten von den beiden Tanten meiner Mutter, Marie und Fanny geschenkt bekommen. Sie hatten ihn bereits über mehrere Jahre hinweg auf ihrem Speicher stehen und waren froh, dass ihn jemand brauchte. Diese beiden Tanten waren mir von der ersten Sekunde an unheimlich. Ich hatte panische Angst vor ihnen. Ihre Haut war runzelig und grau und ihre Haare waren so zerzaust, dass ich automatisch Vergleiche mit bösen Hexen bei ihrem Anblick anstellte. Wenn sie mir bei der Begrüßung die Hand reichen wollten, zog ich immer weg. Sie hatten nur noch Hautfetzen über ihren dünnen Knochen und wenn sie lächelten, sah man noch vereinzelt ein paar Zähne im Mund herumstehen. Meinen Vater hielt das natürlich nicht davon ab, sich bei einem unserer Besuche gleich den Kasten unter den Nagel zu reißen. Als er schließlich bei uns zu Hause stand, verband ich damit immer ein Stück weit Angst. Wir hatten einen Teil der beiden Hexen mit nach Hause genommen. Wie ein verwunschenes Amulett oder ähnliches. Und dieser Teil thronte fortan in unserem Wohnzimmer. Zu allem Überfluss mussten auch die Kastenfüße noch restauriert werden. Und ich sollte meinem Vater dabei helfen. Doch schon beim Abmontieren des ersten Fußes stellte ich mich so ungeschickt an, dass meinem Vater hier bereits erstmalig der Kragen zu platzen drohte. Ich konnte ihm natürlich nicht sagen, dass mich dieses mystifizierte Holzobjekt irgendwie ängstigte. Er hätte mich ausgelacht und die Arbeit alleine gemacht. Aber ich wollte ihm ja helfen. Was gibt es schöneres, als in diesem Alter zusammen mit seinem Dad etwas zu reparieren. Ich befand mich also in einem kindlichen Dilemma. Augen zu und durch oder Augen auf und Flucht. Ich entschied mich für die „Augen zu und durch" – Variante. Ich wollte und musste irgendwie durch. Leider passierte mir aber bereits nach kurzer Zeit ein entscheidender Fehler. Vor lauter „Augen zu" bemerkte ich den umherstehenden Farbkübel nicht und stieß ihn um.

Die ganze Farbe ergoss sich über den Boden und mein Vater war augenblicklich einem Nervenzusammenbruch nahe. Aufgeschreckt von seinem Geschrei, kam auch meine Mutter sofort geeilt. Sie inspizierte die Situation, schimpfte mit meinem Vater und verschwand dann im Abstellraum. Mein Vater wiederum schnaufte angestrengt und griff, nachdem er mich tadelnd ins Visier genommen hatte, nach seiner Jacke. Er steuerte die Balkontüre an und in diesem Moment wusste ich, was mein Vater machen würde. Er würde hinausgehen, sich noch kurz ärgern und dann ein Päckchen aus der Hosentasche ziehen. Er würde es aufklappen, eine Zigarette daraus ziehen und sie anzünden. Das würde in den nächsten paar Sekunden passieren. Und genau das passierte auch in den nächsten Sekunden. Er stand da und rauchte eine Zigarette auf der Terrasse. Und mit jedem Zug glätteten sich seine angestrengten Gesichtszüge mehr und mehr. Und ich wusste auch, was als Nächstes passieren würde. Mein Vater würde nach dem Beenden seiner Zigarette die Balkontür wieder aufmachen und alles würde wieder in Ordnung sein. Er würde nicht mehr böse sein auf mich. Sein Zorn würde *verraucht* sein und wir würden wieder zusammen an die Arbeit gehen. Und exakt das geschah auch. Wir reparierten gemeinsam die Füße eines alten Möbelstücks.

Solcherart Ereignisse sind es, die mich an die Latenzzeit erinnern. Das eben erwähnte Erlebnis deswegen so stark, da ich erst jetzt die Bedeutung solcher Momente realisiere. Aber ansonsten und da muss man Freud beipflichten, herrschte entwicklungstechnische Stagnation. Es war vielmehr ein Reifen an bereits Vorhandenem.

2.2.5 Die Genitalphase

Erst mit dem Beginn der sogenannten Genitalphase tritt wieder etwas Spannenderes auf den Plan, nämlich das Entdecken der eigenen Sexualität. Das Erforschen des Geschlechtstriebes, als Abschluss eines langjährigen Prozesses. In dieser letzten Phase entdecken Jungen und Mädchen diese Sexualität jedoch nicht nur. Sie beginnen nach und nach auch damit, diese ausleben zu wollen und sich dem jeweils anderen (oder auch eigenen) Geschlecht anzunähern. Mit diesem Novum im Leben der Jugendlichen, geht zeitgleich auch die Manifestation des eigenen Rollenbildes einher, das sich bis zu dieser Zeit ausschließlich an den eigenen Eltern zu orientieren scheint. Die Jugendlichen entscheiden in dieser Phase für sich selbst, ob sie das vorgelebte Rollenbild der Elternteile langfristig übernehmen, ob sie daran etwas ändern oder ob sie es sogar zur Gänze verwerfen wollen. Dahingehend ist diese pubertäre Zeit wohl als Schlüsselsequenz im weiteren Leben des Jugendlichen anzusehen. Auch wenn viele Eltern gerade in dieser Phase so manches Kind am liebsten auf den Mond schießen würden, so ist nach Freud gerade die Pubertät die Initialzündung zur Selbständigkeit und Eigenverantwortung. Mit dieser fünften und letzten Phase schließt sich auch der Kreis der psychosexuellen Entwicklung. Im besten Falle kann der Jugendliche nun mit einer soliden, gefestigten Persönlichkeit und auf eigenen Beinen in die Welt da draußen entlassen werden.

Warum jedoch schreibe ich *im besten Fall*? Nun, weil es ja durchaus sein kann, dass eine (oder mehrere) der gestellten Entwicklungsaufgabe(n) in der jeweiligen Phase nicht erfolgreich gemeistert wurde(n). Der Jugendliche könnte also dadurch in Konflikte geraten. Es kann dabei so weit gehen, dass infolge des Scheiterns an diesen Aufgaben die – nennen wir sie einfach „Lustenergien" – in der jeweiligen Phase isoliert bzw. fixiert werden. Dies hat zur Folge, dass die Persönlichkeit des Menschen sich im Grunde genommen auf die gelösten, aber auch ungelösten Konflikte in den Phasen reduzieren lässt. Überzogen formuliert: Wenn sie etwa als Dreijähriger immer brav das Töpfchen aufsuchen, dann würde das in weiterer Konsequenz bedeuten, dass sie als Erwachsener ein ordnungsliebender und toleranter Mensch sind. Verweigern sie jedoch kategorisch die Plastikschüssel und trotzen allen Versuchen der Eltern, dann würden Sie als mehr oder minder sturer und chaotischer Erwachsener enden.

2.3 Persönliches Resümee aus dem Phasenmodell von Freud

Im Lichte dieses Ansatzes scheint es klar, welche dieser fünf Phasen in meinem Fall nun mit dem angedeuteten Konfliktpotenzial durchwoben ist. Es ist die **orale** Phase. In jener Zeit, in der sich eigentlich so etwas wie ein Urvertrauen zwischen Säugling und Mutter entwickeln sollte, war das in meinem Falle etwas anders. Diese tiefe und enge Bindung habe ich nicht kennengelernt. Es war ja nicht meine Mutter, die meine Bedürfnisse nach Nahrung und Wärme stillte, sondern Ersatzobjekte. Beobachten Sie doch selbst einmal den Vorgang des Stillens zwischen einer Mutter und ihrem Kind: Der Säugling hat das Bedürfnis Nahrung aufzunehmen und tut dies kund. Er wird an die Brust gelegt und beginnt zu saugen. Dabei wandern die Augen jedoch nicht etwa stetig im Raume herum und erkunden die Außenwelt. Nein, vielmehr konzentriert der Säugling sich fast ausschließlich auf das Gesicht seiner Mutter. Er scannt sozusagen das gesamte Gesicht. Millimeter für Millimeter prägt er sich dabei ganz gewisse Merkmale und Züge ein. Die Beschaffenheit der Haut, die Farbe der Augen, die Form der Lippen – jedes noch so kleine Detail. Nun wird dies alles nach und nach vage abgespeichert und schließlich mit dem Fakt verknüpft, dass dieses Gesicht es ist, das immer wieder auftaucht, wenn es um die angenehme Befriedigung der Bedürfnisse geht. Ist diese Mutter-Kind-Bindung aber gestört, da die Bezugsperson wegfällt und mit ihr auch die Wärme und das zugehörige Gesicht, dann kann das Baby dieses enge Vertrauen nicht entwickeln. Es hat nicht die Möglichkeit die erwähnte Verknüpfung zu bewerkstelligen. Das Gesicht zur Nahrungs- und Wärmequelle fehlt schlichtweg. Der Prozess des *Scannens* fällt aus und mithin auch die Chance, ein menschliches Objekt des Vertrauens als diese Quelle identifizieren zu können. Die Konsequenz ist, dass man als Erwachsener mangels Urvertrauen vorerst sehr leichtgläubig agiert. In weiterer Folge aber tritt man immer misstrauischer seinem Umfeld gegenüber auf und auch das Selbstwertgefühl des Menschen beginnt unter der Fixierung auf die orale Phase zu leiden. Es fehlt schlichtweg das nötige (Selbst-)Vertrauen. Die Leichtgläubigkeit weicht nach einigen Enttäuschungen dem Misstrauen. Man vermutet stetig von Intriganten und manipulierenden Menschen umgeben zu sein. Man wittert allerorts Falschheit und Unehrlichkeit, was letztlich in Orientierungslosigkeit und dem Gefühl der Einsamkeit gipfelt.

Dies wiederum würde Freud zufolge einer substanzbezogenen Suchterkrankung, welcher Art auch immer den Weg ebnen. Süchte stellen für ihn eine Ersatzbefriedigung dar, um die erfahrenen Defizite in der Oralphase zu kompensieren. Man flüchtet sich sozusagen in eine Sucht, um mittels der Suchtstoffe das wärmende und befriedigende Gefühl zu erleben, das einem auf „natürlichem" Weg verwehrt geblieben ist. Wenn Sie einen Heroinabhängigen oder Alkoholiker fragen, welche subjektive Empfindung den ersten Schuss oder den ersten Schluck aus der Flasche begleitet, dann werden Sie unisono zu hören bekommen, dass es immer ein Gefühl von Wärme und Geborgenheit ist. Es ist, wenn sie so wollen, zwar eine artifizielle Wärme, jedoch beschert sie dem Süchtigen für einen kurzen Augenblick ein Glücksgefühl, eine Art Nachhause kommen.[39] Zu meinem Leidwesen kann ich diese Empfindungen nur bestätigen, wenngleich Nikotinsucht sich qualitativ nur schwer mit Alkoholsucht oder Heroinabhängigkeit vergleichen lässt. Es fehlt an exzessiven Rauscherlebnissen und Zuständen massiver, psychischer Beeinträchtigungen. Dennoch ist das persönliche Empfinden (wenn auch abgeschwächt) beim Anziehen an der ersten Zigarette des Tages ähnlich. Auch hier ist es das Gefühl von Wärme, das man anhand einer Handlung (Rauchen) mittels eines geeigneten Stoffs (Nikotin) in sich aufsaugen möchte. Nochmals plakativ umrissen: Ein Säugling, der an der Mutterbrust gestillt wird, saugt dieses wärmende und heimelige Gefühl mittels Stillvorgang (Handlung) und Muttermilch (Stoff) in sich auf. Der Süchtige versucht sich mit Ersatzhandlungen und Ersatzstoffen dieses Gefühl zu verschaffen. So darf man also festhalten, dass meine Nikotinsucht nicht nur der Genetik geschuldet sein könnte.

Sie könnte ihren Ursprung überdies in der fehlenden, perinatalen Bindung zu meiner Mutter haben. Hätte sich nach meiner Geburt alles in geordneten Bahnen zugetragen, wer weiß, wie sich mein weiteres Leben dann entwickelt hätte…

---

[39]Berichten von Süchtigen zufolge weicht diese Wärme interessanterweise schnell einem Kältegefühl, sollte der Suchtstoff nicht verfügbar sein. Deshalb hat sich wahrscheinlich auch der Begriff des *kalten Entzuges* etabliert. Laut Suchtforschern spielen die Begriffe der Wärme und Kälte in der Sucht ganz offensichtlich nicht zu unterschätzende Rollen.

3 Dritter neuralgischer Punkt –
Der verhaltenspsychologische Zugang

Nachdem es aber so ist, wie es ist, will ich Sie nun weiter teilhaben lassen an den Geschehnissen rund um meine Person. Das ist zugestandenermaßen jedoch gar nicht so einfach. Aus dem Nähkästchen zu plaudern ist die eine Seite. Sich jedoch an die ersten Ereignisse im Leben zurückzuerinnern ist das andere. Was war das erste Erlebnis in Ihrer Kindheit, das Sie noch vor Augen haben? Und machen Sie dabei nicht den Fehler alte Fotos zu betrachten und zu glauben, sich an die festgehaltenen Momente wahrhaft erinnern zu können. Es ist vielmehr eine Konstruktionsleistung unseres Gehirns. Das Fotografierte wird in einen sinnvollen Kontext gebracht, doch ob dieser Kontext sich wirklich so zugetragen hat, wie Sie glauben, das steht auf einem anderen Blatt. Grob gesagt: Wir dichten uns die meiste Zeit etwas dazu. Lassen Sie also die Alben ruhig im Schrank und bewahren Sie sie für nachfolgende Generationen auf. Versuchen Sie stattdessen bis zu dem Punkt zurückzugehen, von dem Sie aus einer reinen Gedächtnisleistung heraus ein Ereignis zuordnen können. Ein Erlebnis, das Ihnen relativ klar in den Sinn kommt, wenn Sie an Ihre Kindheit denken. Vielleicht ist es das erste gesehene Flugzeug am Himmel; das erste Mal Weihnachten mit knisternden Sternspritzern; der erste Geruch von Schweißfüßen; der erste Geburtstag; die erste Spritze beim Kinderarzt usw. Was auch immer es gewesen sein mag. Sie werden sich an Ihren persönlichen Anfang erinnern.

3.1 Der Spallerhof – meine Heimat, mein Zuhause, mein Viertel, mein Block

In meinem Fall muss ich, um den nächsten neuralgischen Punkt anzusteuern, zurück in das Jahr 1981 reisen. Unter anderem ist mir dabei ein (Rauch-)Ereignis in Erinnerung, das mich bei meiner Recherche zum Buch wieder eingeholt hat. Wie ein Schnappschuss des Lebens, den man weggelegt und vergessen hat. Es war ein Erlebnis im Kindergarten Hertzstraße mit einer neuen Kindergärtnerin, namens „Hermine". Dieses Erlebnis sollte im Lichte meines Nikotinproblems wohl von spezieller Natur sein. Doch wollen wir nichts überstürzen, alles der Reihe nach.

Ich war damals sechs Jahre alt und wohnte in Linz am sogenannten Spallerhof. Dieses Viertel von Linz wurde durchweg von Österreichern, ja eigentlich durchweg von Linzern bewohnt. Hier hatten neben alteingesessenen Familien auch viele VÖEST Mitarbeiter ihre Wohnstätten. Über den ganzen Spallerhof waren ihre Wohnhäuser verteilt. Sie waren gekennzeichnet von einer einfachen Bauweise. Die dunkelgraue Farbgebung der Unterkünfte war selbst für die damalige Zeit an Tristesse nicht zu überbieten. Es handelte sich bei diesen Unterkünften um die sogenannten Hitler-Bauten, welche mit Beginn des Zweiten Weltkrieges am Spallerhof aus dem Boden gestampft wurden. Sie wurden anfänglich von den Soldaten der deutschen Wehrmacht als Bleibe genutzt. Mit Ende des Krieges aber wurden sie dem Stahlwerk VÖEST überschrieben, ehe sie fortan als Wohnstätten für die hiesige Belegschaft dienten. Bedenkt man, dass die Preise für diese etwa 50 m2 großen Wohnquartiere in den 80er Jahren bei umgerechnet 1.900 Schilling lagen, so war es zu dieser Zeit durchweg attraktiv, als Stahlarbeiter in der VÖEST seinen Unterhalt verdienen zu dürfen. So vermittelte der Spallerhof auch eher den Eindruck eines Arbeiterviertels, als den eines familienfreundlichen Segments von Linz. Die Dominanz der Arbeiterschicht machte sich allerorts bemerkbar. Alles war nur spärlich vorhanden, sowohl infrastrukturell, als auch kulturell. Es gab z.Bsp. keine unmittelbare Anbindung an das öffentliche Verkehrsnetz. Wollte man zur nächsten Bushaltestelle, musste man durch die Autobahnunterführung in Richtung Bindermichl gehen. Das Einkaufsvergnügen bestand darin, bei den Grundnahrungsmitteln zwischen rückständigem *Konsum Markt* oder abgewirtschaftetem *Spar* wählen zu können. Für Kinder gab es keine Spielflächen zum Fußballspielen. Alles war mit Verbotsschildern ausgewiesen: „Das Fußballspielen ist nebst anderen sportlichen Aktivitäten auf den Grünflächen strengstens untersagt. Bei Zuwiderhandlung drohen rechtliche Schritte." Für Jugendliche etwa gab es keinerlei Einrichtungen, wie Treffs oder Jugendclubs und demzufolge auch keine Möglichkeiten, sich bei kalten Tagen irgendwo drinnen zu treffen. So war man gezwungen, sich auch im Winter auf den verschneiten Spielplätzen in den Höfen zu treffen. Themen wie „Möpse", „Mopeds" und „miese Noten in der Schule", wurden in der Kälte abgearbeitet.

Ganz im Gegensatz zu manchen Erwachsenen. Diese suchten für ihre kommunikativen Triebe oder auch dem Alleinsein unter anderen entweder die wärmende Spallerhof Diele oder das Zinögger Stüberl auf – die einzigen kulturellen Glanzlichter des Viertels. Die Spallerhof Diele zeichnete sich dadurch aus, dass der Wirt und seine Stammgäste es zumeist zuwege brachten, bereits ab elf Uhr Vormittag das Pissoir nicht mehr zu treffen. Wie auch, hier wurden nach dem Aufsperren bereits die ersten Schnäpse und Cognacs serviert. Und dann fing der Wirt mit seinen Gästen auch schon an die ersten Runden Karten zu spielen. Und auf jede Runde folgte ein Schnaps. Und dann wurde noch eine Runde gespielt. Und dann gab es noch einen Schnaps. Wollte man hier zu Mittag essen, dann bekam man infolge der Unfähigkeit des Personals höchstens einen ordinären Kaffee und eine nicht weiter definierbare Mehlspeise. Und einen Schnaps oder Cognac, versteht sich. Egal, dafür war täglich geöffnet. Diese Tatsache gereichte geradewegs den VÖEST Arbeitern zum Vorteil. Sie verrichteten meist Schichtdienst und begrüßten es, wenn sie auch an einem Sonntag ihr Bier genießen konnten. Wollte man jedoch einmal so richtig über die Stränge schlagen, dann ließ man die Spallerhof Diele außen vor und suchte das Zinögger Stüberl auf. Diese Kneipe war nur einen Steinwurf von der Diele entfernt. Hier hielten sich vorzugsweise jene Personengruppen auf, die ihr Leben auf leeren Flaschen und täglicher Katerstimmung aufbauten. Hartgesottene Dauersäufer, verhärmte Witwen oder schwer betrunkene, arbeitslose Pseudo-Väter. Ja, hier war der Abschaum zu finden, den der Spallerhof auf sozialer Ebene zu bieten hatte. Betrat man diese Lokalität, überkam einen der kalte Schauer. Sturzbesoffene Stammgäste inmitten blauen Zigarettendunstes, unfähig sich verbal mitzuteilen. Sie konnten das nächste alkoholische Getränk nur noch spastisch gestikulierend bestellen – und sie bekamen es auch. Und zu jedem neuen Bier oder Weinbrand wurde sich standesgemäß natürlich auch immer gleich eine Zigarette angesteckt. Was wären solch ein kühles Blondes oder ein Kurzer schon, ohne den passenden Glimmstängel dazu. Und so ging es Tag für Tag im gleichen, monotonen Trink- und Rauchrhythmus dahin. So lange, bis endlich der Sonntag vor der Tür stand und das Zinögger Stüberl seinen Ruhetag hatte. Ein Tag in der Woche, um sich wieder zu sammeln und vielleicht etwas zu regenerieren. Doch raten Sie, wo die Gäste des Zinögger Stüberl's an diesem Tag zumeist gesammelt anzutreffen waren? Richtig, beim morgendlichen Kartenspielen, Trinken und Rauchen in der Spallerhof Diele.

3.1.1 Meine Eltern – ein kurzer Abriss

Nichtsdestotrotz war dieses Viertel mein Viertel. Es war eine Zeit, in der ich wohlbehütet und umsorgt aufwuchs. Ich wohnte in einer kleinen Mietwohnung gleich gegenüber den beiden Wirtshäusern in der Glimpfingerstraße. Mein Vater war technischer Angestellter bei der Firma „Fehrer", einem renommierten Textilmaschinen-Unternehmen am Stadtrand von Linz. Er arbeitete zumeist lang und er arbeitete viel. Das hatte zwar den Vorteil, dass er nicht den erwähnten Personengruppen angehörte, jedoch hatte er im Um-kehrschluss auch nur wenig Zeit für mich. Die Arbeit und das Geldverdienen waren vorrangig. Ich muss gestehen, dass infolge der spärlich gesäten Vaterzeit mir mein Dad teilweise auch richtig fremd vorkam. Wenn er nach einem Friseurbesuch nach Hause kam, erkannte ich ihn nicht gleich. Rasierte er sich nach einer Wo-che seinen Bart wieder ab war mir, als stünde mir ein Unbekannter gegenüber. Und kam er spät abends in der Arbeitsmontur heim und ich war noch wach, ängstigte ich mich bei seinem Anblick. Es war, als würde ein Fremder bei der Türe hereinkommen. Doch so waren eben die familiären Gegebenheiten der 80er Jahre. Der Va-ter, als Patriarch, war wenig zu Hause. Er musste arbeiten gehen und das Geld für Miete, Kleidung, Essen und sonstige Güter er-wirtschaften. Die Mutter wiederum hatte die Rolle der Hausfrau, der Köchin und der Kindererzieherin inne. Somit blieb hinsichtlich meiner Person die Erziehung auch beinahe zur Gänze meiner Mut-ter vorbehalten.

Meine Mutter war ihrerseits gelernte Verkäuferin und bis vor meiner Geburt bei einem Schuhgeschäft in der Linzer Innenstadt tätig. Ihr hatte das Schicksal eine Stelle bei der städtischen Firma „Spiesmayer" beschert, wo sie vollzeitig arbeitete. Dieser Umstand änderte sich natürlich schlagartig, als meine Mutter von meinem Heranwachsen in ihr erfuhr. Mit diesem Moment begann auch für meine Mutter ein neuer Lebensabschnitt. Nicht nur, dass sie bald familiären Verpflichtungen nachzukommen hatte und für mein Wohl Sorge zu tragen hatte, wollte sie auch noch eine weitere Veränderung in ihrem Leben stemmen: Das Aufhören mit dem Rauchen. Auch meine Mutter rauchte viele Jahre. Die Erkenntnis aber, dass das Leben eines Ungeborenen damit in schwere Mitleidenschaft gezogen werden könnte, ließ sie damals umdenken. Sie wollte auf keinen Fall schuldig sein an welchen irreversiblen Schäden des Babys auch immer. Das bedeutete fortan für sie: Finger weg von etwa einer halben Packung Zigaretten täglich.

Dieser Zugang ist von psychologischer Seite her insofern interessant, als er ganz anschaulich die schwer nachvollziehbare Logik beim Suchtverhalten eines Rauchers in den Fokus rückt. Zu Rauchen wird nur deswegen aufgehört, um ungeachtet des eigenen Lebens, ein anderes Leben damit nicht zu beeinträchtigen. Dieser Gedanke mag zwar auf den ersten Blick nobel daherkommen, er trägt jedoch nichts Altruistisches per se in sich. Vielmehr zeigt er schonungslos die Schwachstelle auf, dass dem Raucher die eigene Gesundheit eigentlich nichts wert zu sein scheint und er unter anderen Bedingungen sicher nicht aufgehört hätte. Hätte meine Mutter mich beispielsweise nicht im Bauch getragen, hätte sie mit hoher Wahrscheinlichkeit auch das Rauchen nicht aufgegeben, obgleich es ja offenbar schädlich ist. Es wäre dahingehend interessant zu erfahren, ob werdende Mütter das Rauchen überhaupt aufgeben würden, wenn ihre Babys erwiesenermaßen keine Schäden davontragen würden. Ich denke nicht. Erst die Angst mit seinem unbedachten Handeln ein unschuldiges Leben hochgradig zu gefährden und ein Leben lang mit dieser Schuld leben zu müssen, lässt rauchende Mütter letztlich zu abstinenten Mütter werden. Ja, so perfide kommt die Sucht daher und lässt die Vernunft des Menschen Achterbahn fahren.

3.1.2 Ringel Ringel Reihe – der Kindergarten Hertzstraße

Nichtsdestotrotz hörte meine Mutter das Rauchen *für mich* auf und fand sich auch sonst relativ gut in der fortan einzunehmenden Mutterrolle zurecht. So kam es dann schließlich auch, dass ich im Alter von etwa vier Jahren in den Kindergarten Hertzstraße kam. Meine Mutter ging zwischenzeitlich wieder halbtags ihrer Tätigkeit in einem Schuhgeschäft nach und konnte mich erst immer am Frühnachmittag abholen. Ich war also in der Situation meinen Mittagsschlaf im Kindergarten abhalten zu müssen. Soweit, so gut. An diesem Umstand dürfte nichts Außergewöhnliches gewesen sein.

Was jedoch für mich ein Novum war und damit kommen wir auch zu meinem nächsten Checkpoint, war die Tatsache, dass mich eines schönen Nachmittags eine Stimme weckte, die ich noch nie zuvor gehört hatte. Diese Stimme war rau und tief, doch gehörte sie ganz offensichtlich einer Frau. Ich konnte wahrscheinlich mittlerweile die Stimmen allen anderen Kindergärtnerinnen mühelos zuordnen. Doch diese Stimmlage ließ sich für mich mit keiner der bekannten Stimmen dort in Verbindung bringen. Also schlug ich meine Augen auf und blickte direkt in das Gesicht einer mir, bis dato völlig unbekannten Person. Es war eine neue Kindergärtnerin, die auf den Namen „Hermine" hörte. Sie hatte große Augen, die etwas Beruhigendes und Wärmendes ausstrahlten und mir sofort das Gefühl von Geborgenheit vermittelten. Ihr Gesicht war übersät von Sommersprossen und sie war mir auf Anhieb sympathisch. Man könnte sagen, sie hat mich – wie auch immer – ab der ersten Minute in ihren Bann gezogen. Es gibt scheinbar solche Personen, die es schaffen einen zu fesseln, ohne dass man recht weiß, warum. Ist es das Aussehen, die Stimme, die Frisur? Ich kannte zu dieser Zeit bereits einige andere Menschen, die sich redlich darum bemühten meine kindliche Zuneigung für sich zu gewinnen. Frau Hofmann etwa, die beim Konsum Markt hinter der Wursttheke stand und mir beim Einkauf mit meiner Mutter hin und wieder eine Scheibe Extrawurst zukommen ließ. Die ältere Frau Feichtner, die bei uns im Haus wohnte und mir immer ganz freundlich durch das Haar strich. Oder auch Herr Ewinger, der damalige Frisör meines Vaters, der immer einen Spruch für mich parat hatte. „Na Junior, einmal Bart stutzen und die Koteletten rasieren oder was?" Und dann lachten alle im Frisörladen. Und ich lachte verstohlen mit, obwohl ich nicht verstand, weshalb man über Bärte und Fleisch so lachen konnte. Doch niemand von den Genannten konnte mit Hermine mithalten. Bei ihr dürfte es das Gesamtpaket gewesen sein. Sie hatte das, was man in der Esoterik wohl als gute Aura bezeichnet und dies offenbarte sich mir ab der ersten Minute. Was nun folgte war eine Zeit in der ich unglaublich gerne in den Kindergarten ging. Mit Hermine machte einfach alles viel mehr Spaß. Sie hatte ein Händchen für uns Kinder und gab uns das Gefühl in einem behüteten Umfeld zu sein. Wahrscheinlich war meine Kindergärtnerin zu dieser Zeit (neben meiner Mutter) die wichtigste Bezugsperson. Sie war der Garant für gute Tage.

So trug es sich auch zu, dass wir eines Vormittags schon relativ zeitig mit Hermine in den Garten hinaus durften. Und mit „wir" meine ich die Sternchengruppe. Wir waren jene Gruppe, die u.a. mit Harald S., Eva R., Claudia K., dem rothaarigen Dieter mit den Schlauchbootlippen und mir, die jüngste aller Kindergartengruppen stellte. Neben uns gab es noch die Sonnengruppe, die Himmelsgruppe und die Mondgruppe. Doch die Sternchengruppe hatte es in sich. Vor allem der bebrillte Harald.

Er wohnte damals vis a vis von uns und ich weiß es noch, als wäre es gestern, als er eines Tages mit einem neuen Zelt bei uns im Hof ankam. Wir mussten damals etwa elf oder zwölf Jahre alt gewesen sein. Es dauerte nicht lange und eine Kindertraube scharte sich um Harald. Wir wollten natürlich sofort wissen, wo er dieses Zelt gekauft hatte. Es stellte sich schnell heraus, dass es ein Gimmick aus dem Yps-Heft und bei Herrn Zauner im Spar erhältlich war. Keine zehn Minuten später waren alle Yps-Hefte dort ausverkauft und die schnellsten unter uns besaßen nun auch solch ein Zelt, mich eingeschlossen. Eigentlich war dieses Zelt bei genauerer Betrachtung nur eine große Plastikplane, doch das war uns egal. Hauptsache wir durften es unser Eigen nennen. Ein kurzes Nachfragen zu Hause und schon trug es sich zu, dass wir es bereits in der gleichen Nacht im Hof unten ausprobieren durften. Was wir dabei nicht einkalkuliert hatten war das aufziehende Gewitter, das uns in dieser Nacht überraschte. Es blitzte, donnerte und regnete so stark, dass wir etwa gegen Mitternacht überstürzt die Nächtigung im Freien abbrachen und auf schnellstem Weg wieder die Wohnung aufsuchten. Alle, bis auf einen. Nur Harald harrte aus und blieb unbeirrt in seinem Plastikzelt. Selbst als wir ihn unter Schreien und Warnungen animierten, das Zelt aufzugeben und mit uns mitzukommen, blieb er regungslos darin liegen. Heute weiß ich auch warum. Harald hatte buchstäblich die Hosen voll. Und aus lauter Panik, wir könnten hinter sein kleines, braunes Geheimnis kommen verbrachte er lieber noch einige Zeit mehr unten im Hof. Es war also eine wirklich *beschissene Nacht* für ihn.

Doch zurück zum Kindergarten. Es war bekannt, dass Harald und Dieter damals kleine Hitzköpfe waren. Wenn die beiden wegen eines verlorenen Spiels öfters aneinander gerieten, dann ging es meist ordentlich zu Sache. Und nachdem die beiden oft miteinander gespielt hatten, ging es auch oft ordentlich zu Sache. Und so geschah es an diesem Vormittag auch, dass die Sandkiste im Garten der Austragungsort eines kleinen Disputs zwischen den beiden sein sollte. Es ging dabei aber diesmal um kein Spiel, sondern um die Tatsache, dass Dieter mit den Schlauchbootlippen aus seinem Ohr einen dicken, gelben Pfropfen an Ohrenschmalz hervorquellen hatte. Nicht etwa ein kleines Kügelchen. Nein, vielmehr eine Kugel in der Größe einer Murmel. Natürlich blieb das keinem von uns anderen Kindern verborgen. Wir sahen alle, dass Dieter etwas Komisches aus dem Ohr hängen hatte. Doch es dürfte jedem von uns mehr oder minder egal gewesen sein. Jedem, außer Harald. Er nahm das Ohrenschmalz von Dieter natürlich gleich zum Anlass, sich laut ekelnd mitzuteilen. „Der Dieter hat einen gelben Knödel im Ohr", schallte es über den Garten. Lautes Gelächter, kombiniert mit Ekelbekundungen bestimmten plötzlich die Szenerie. „Der Dieter hat gelben Schleim im Ohr", ließ Harald ausgelassen die gesamte Umgebung wissen und viele Kinder johlten kräftig mit. Dieter seinerseits ließ sich solch eine Schmähung natürlich nicht gefallen. Schon gar nicht von Harry mit der Hornbrille. Und ehe man sich versah, entwickelte sich auch schon ein handfestes Gemenge zwischen den beiden. Da donnerte mit einem Male Hermi's Stimme durch den Garten: „Dieter, Harald, geht sofort auseinander!" Die anderen Kinder verstummten augenblicklich bei der Wucht, die mit dieser Stimme einherging. Auch Dieter und Harald ließen sofort voneinander ab. Wie vom Blitz getroffen verharrten sie unsicher am Sandkistenrand. Schnellen Schrittes kam Hermi auf die beiden zu, den drohenden Zeigefinger in Kopfhöhe im Anschlag. Wie ein Sheriff, der eben seinen Colt abgefeuert hatte und nun die Schuldigen zu Rechenschaft zog. Sie nahm die beiden Streithähne scharf ins Visier: „Ihr beide habt zur Strafe heute alleine Abwaschdienst und du, Ingo", ihr Blick wanderte zu mir „du passt auf, dass die Zwei das auch ordentlich machen." Mein Mund muss weit offen gestanden sein, denn ich war stolz *wie Schnitzel*. Ich durfte die rechte Hand meines Idols sein, sozusagen der Verbündete im Kampf gegen das Böse. Ich konnte es gar nicht erwarten bis endlich Mittag war. Wahrscheinlich müssen einem als Kind die Minuten wie Stunden vorkommen, in denen man solch eine privilegierte Aufgabe herbeisehnt. Doch irgendwann war dann endlich Mittagessen. Und mit dem Essen kam die Vorfreude. Und mit der Vorfreude kam auch der letzte Bissen. Und mit dem letzten Bissen wandelte die Vorfreude sich in Freude. Und mit dieser Freude stand ich schon auf dem Posten und beobachte Harry und den roten Dieter beim Abwasch.

Wen ich jedoch noch sah war Hermine, die draußen gerade im Gespräch mit einer Kollegin war und ab und an lächelnd zu mir herein winkte. Ich dachte mir sicher nicht viel dabei außer, dass ich wahrscheinlich eine Bestätigung der von mir empfundenen Verbundenheit spürte. Doch da geschah es plötzlich: Nach ihrem Winken wanderte ihre Hand langsam in die Jackentasche. Von dort holte sie ein kleines, unscheinbares Päckchen hervor. Sie klappte es auf und nahm sich ein kleines, weißes Stäbchen aus dieser Box. Mit der anderen Hand griff sie währenddessen nach einem Gegenstand, der mir von Weihnachten und Geburtstagsfeiern her bereits bekannt war, einem Feuerzeug. Was dann passierte machte mich zusehends stutzig. Anstatt mit dem Feuerzeug wie gewohnt Kerzen anzuzünden, führte Hermine die Flamme überraschenderweise zu dem weißen Stäbchen. Den nächsten Augenblick werde ich wahrscheinlich nie wieder vergessen. Nachdem sie dieses Stäbchen angezündet hatte quoll dicker, weißer Rauch aus ihrem Mund. Nicht etwa dünne Rauchfäden, wie bei ausgeblasenen Kerzen. Nein, eine weiße Wolke aus Rauch entfuhr Hermines Mund. Und jedes Mal, wenn sie sich dieses weiße Stäbchen an den Mund führte, atmete sie unmittelbar danach wieder Rauch aus. Ich hatte so etwas zuvor noch nie gesehen. Ich konnte, so denke ich heute, zu dieser Zeit auch nicht wirklich etwas mit diesem Erlebnis anfangen. Und doch finde ich in meinem Gedächtnis keine vorgelagerte (Tabak-)Erinnerung, die mich nebst der Erinnerung an Hermi's Stimme und ihr Aussehen damals mehr fesselte, als diese. Zwar rauchte auch mein Vater, doch tat er dies bis zu meiner Schulzeit bei uns zu Hause immer heimlich. Also weiß ich mit ziemlicher Sicherheit, dass meine Kindergartentante es war, die sich für mein erstes, bewusst wahrgenommenes Zigarettenerlebnis verantwortlich zeichnete. Weiße, dünne Stäbchen, die sich in Rauch verwandelten, wenn man Sie an der Spitze anzündete. Ein Ereignis der Extraklasse, vollzogen von meinem damaligen Kindergartenidol Hermine.

3.2 Die Verhaltenspsychologie von Alfred Bandura

Welche Erkenntnisse aber kann ich nun persönlich aus diesem ersten Erlebnis ziehen? Welche Relevanz hat solch ein Augenblick des kindlichen Staunens für das weitere Verhalten im Leben eines Menschen?[40] Staunen wir nicht über viele Dinge im Leben ohne dass diese gleich unser Leben mitbestimmen müssen? Wir staunen als Kinder doch auch über farbige Regenbögen und Flugzeuge am Himmel, ohne in der Regel gleich Maler oder Pilot zu werden. Warum also sollte der Tatbestand, dass ich meiner Kindergartentante erstmalig beim Rauchen einer Zigarette zugesehen habe, irgendwelche Konsequenzen bezüglich meines Nikotinkonsums im Leben haben?

Nun denn, weil Alfred BANDURA und weitere Vertreter der Verhaltenspsychologie des 21. Jahrhunderts solch einen kausalen Zusammenhang für unbestritten halten.[41] Für sie alle ist es ausgemachte Sache, dass wir als Kinder bereits von den Erwachsenen vorgeprägt werden. Wir beginnen irgendwann Teile ihres Verhal-

---

[40]„Staunen" kann als eine Emotion beim Erleben von Unerwartetem bezeichnet werden. Das Staunen korrespondiert dabei mit einem neurobiologischen Erregungszustand, einer erschütterten Homöostase, die sich motivationsfördernd auswirkt, das bis dato Unbekannte zu erforschen und zu erlernen. Das zur Verfügung gestellte Erregungspotential ermöglicht es, die Homöostase (inneres Gleichgewicht) wiederherzustellen, das durch die Gegenüberstellung mit dem „unpassenden" Neuen verloren ging. Das entspricht im engsten Sinne dem Staunen als Ursache für einen „Konflikt durch Überraschung".
Vgl. Berlyne D. E. : *Konflikt, Erregung, Neugier. Zur Psychologie der kognitiven Motivation.* 1974, Klett-Verlag Stuttgart (Original 1960)
[41]Der Amerikaner *Alfred BANDURA* (geb. 1925) gilt als einer der führenden Verhaltenspsychologen der zweiten Hälfte des 20. Jahrhunderts. Mit seinem lerntheoretischen Ansatz des Imitationslernens, also dem sozialen Lernen durch Nachahmung von Vorbildern und wichtigen Menschen im Leben, schaffte er auf dem Gebiet der Sozialpsychologie den Durchbruch.

tens und auch ihrer Einstellungen zu imitieren und selbst zu verinnerlichen. Bandura führte dabei die Bezeichnung des „Modelllernens" bzw. des „No Trial Learning" ein. Dieses Lernen am Modell manifestiert sich dabei in einem kognitiven Lernprozess, der vorliegt, wenn ein Mensch (der „observer") als unmittelbare Folge der Observierung des Verhaltens eines anderen Menschen (dem „model") sowie der darauffolgenden Konsequenzen sich neue Verhaltensweisen aneignet oder schon bestehende Verhaltensmuster weitgehend verändert.[42] Wenn Sie als Kind z.Bsp. Ihren Vater etwa 30-40 Mal am Tag bei jeder Witterung auf der Terrasse dabei ertappen, wie er genüsslich an einer Kippe anzieht, dann könnte folgender Monolog sich in Ihrem Gehirn zutragen: „Mein Vater geht bei Wind und Wetter auf die Terrasse aber warum? Was macht er draußen? Offensichtlich tut er etwas, das ihm Genuss bereitet. Er lässt sich auch durch nichts davon abhalten. Aber was bereitet ihm diesen Genuss? Es ist ein dünnes Stäbchen, das er sich an die Lippe führt, daran anzieht und dann Rauch aus seinem Mund herausbläst. Diese Abfolge scheint ihm offenbar zu gefallen. Und wie er da steht. Mit Pantoffeln und Bademantel im heftigen Schneetreiben. Wie ein Fels in der Brandung. Wie ein mystischer Held, der mit seinem Rauchatem alles unter Kontrolle hat. Ja, das ist mein Daddy und wenn ich einmal groß bin möchte ich auch so sein wie er".

Ausschlaggebend für diesen Prozess des Lernens, der nur unter spezifischen Voraussetzungen (z. B. hoher Identifikationsgrad des „Observers" mit dem „Model") stattfindet, ist dabei das Prinzip

---

[42]Vgl. Bandura, A., *Sozial-kognitive Lerntheorie*. Klett-Cotta Verlag, Stuttgart 1991, S.21 ff

der Verstärkung. Die Verhaltenspsychologie bezeichnet diesen Lernprozess als das Auftreten einer Ähnlichkeit zwischen dem Verhalten eines Modells und dem einer anderen Person unter Bedingungen, bei denen das Verhalten des Modells als der entscheidende Hinweisreiz für die Nachahmungsreaktionen gewirkt hat.[43]

Für Bandura steht diesbezüglich fest, dass unser gesamtes Verhaltensspektrum nicht allein durch bloße Reiz-Reaktions-Zusammenhänge erklärbar sei. Er ist der festen Überzeugung, dass zwischen den empfangenen Umweltreizen und den Reaktionen darauf höhere mentale Prozesse ablaufen müssten. Die damals vielfach vertretene Ansicht, der Mensch sei nur eine Art Reiz-Reaktions-Maschine war und ist für Bandura mehr als nur unbefriedigend. Deshalb beschäftigt er sich auch ganz gezielt mit der Frage des Erwerbs von menschlichen Verhaltensweisen im sozialen Bereich. Wie ist es möglich, dass Kinder auf diesen oder jenen dargebotenen Reiz geradewegs so reagieren, wie die Eltern es auch tun? Aus welchem Grund etwa reagieren Kinder auf neutrale Reize (das erstmalige Wahrnehmen einer Schlange oder Spinne) dennoch oft mit Ekel und Angst, obgleich kein Grund dafür ersichtlich ist? Weshalb sehen viele dieser Reaktionen und Verhaltensweisen wie eine übernommene Kopie aus?

3.2.1 Das Prinzip des Modelllernens

Für Bandura gibt es nur eine rationale Antwort auf diese Fragen: Er erklärt die rasche und effiziente Aneignung solcher Verhaltensweisen mit seinem Prinzip des Modelllernens. Haben wir in Kapitel 1 noch gesehen, dass die Genetik solche Verhaltensweisen

---

[43]Vgl. Bauer, M., *Verhaltensmodifikation durch Modellernen*, Kohlhammer 1979, S. 16/17

versucht mit der Vererbungslehre zu erklären, so schlägt Bandura in eine etwas andere Kerbe. Infolge des Lernens am Modell, so die Auffassung von Bandura, erwerbe das Kind die Fähigkeit, sich komplexe Handlungen anzueignen und diese zu internalisieren. Das Kind wird dabei vom Modell beeinflusst, denn durch dessen Betrachtung wird das Kind angeregt bestimmte Alternativen seines Verhaltens gezielter zu hinterfragen. Mit diesem Hinterfragen stellt sich mehr oder minder ein Lerneffekt ein, den Bandura als *modellierenden Effekt* betitelt. Dieser modellierende Effekt meint dabei nichts anderes, als dass in einer ganz bestimmten Lage eine neue, spezifisch angepasste Verhaltensweise erlernt wird. Im beschriebenen Falle meiner Kindergärtnerin wäre diese Situation eben mein Beobachten ihres Zigarettenrauchens. Ich, als Beobachter, lerne über das Modell (meine Kindergartentante) eine neue Verhaltensweise, die ich wiederum in einer adäquaten Situation abrufen kann. Das impliziert natürlich in weiterer Folge, dass diese neu erlernte Verhaltensweise nicht gleich oder unmittelbar auf die beobachtete Situation zutage treten muss. Es kann durchaus sein, dass sie erst viele Jahre später auftritt. Vielmehr geht es um die Speicherung dieser Situation. Es ist das Verinnerlichen und die damit einhergehende Möglichkeit, auch nach langer Zeit auf die mentale Repräsentation des beobachteten Raucherlebnisses zugreifen zu können und dieses in letzter Konsequenz dann auch zu imitieren. Das imitative Verhalten ist als bildliches Cover im Gedächtnis des Kindes auf eine unbestimmte Zeitspanne abgespeichert und kann erst Jahre später in einer dafür geeigneten Situation abgerufen und selbst ausgeführt werden.

Aus welchem Grund jedoch sollte gerade meine Kindergärtnerin als solch ein Modell fungieren können? Warum habe ich zum Beispiel nicht das Verhalten des Postmannes angenommen, der stetig auf den Randstein vor unserem Wohnhaus gespuckt hat? Oder jenes des Bademeisters im Hummelhofbad, welcher sich gefühlt alle paar Sekunden beherzt an sein *Gemächt* griff? Auch darauf gibt Bandura eine Antwort. Seiner Ansicht nach ist nämlich nicht jede beliebige Person als Modell geeignet. Um in den Augen des observierenden Kindes als geeignetes Modell fungieren zu können, müssen gewisse Kriterien und Charakteristika erfüllt werden. Diese notwendigen Bedingungen fächern sich dabei wie folgt auf:[44]

1) Ähnlichkeit zwischen Modell und Beobachter: Der Beobachter nimmt am Modell ein Verhalten wahr, das er in der Lage ist, irgendwann selbst zu übernehmen.

Dieser Aspekt kann in zweifacher Hinsicht interpretiert werden. Einerseits sind ganz grundlegende, motorische Fähigkeiten vonnöten, um gewisse Verhaltensweisen überhaupt imitieren zu können. Im Falle des Rauchens ist es etwa unabdingbar mit den Händen die Zigarette zum Mund führen zu können. Die Finger müssen es schaffen, das Feuerzeug oder die Streichhölzer zu betätigen. Die Lippen müssen die Zigarette umschließen können, usw. Diese spezifisch motorischen Kompetenzen sind jedoch mitnichten das, was Bandura als notwendiges Kriterium meint. Es sind lediglich hinreichende Bedingungen. Ihm geht es vielmehr um die kognitiven Gemeinsamkeiten, das gleiche Ticken, wenn man so will. Dass dafür natürlich eine intellektuelle Grundausstattung gegeben sein

---

[44]Vgl. Bandura A.: *Lernen am Modell. Ansätze zu einer sozial-kognitiven Lerntheorie.* Klett, Stuttgart 1976

muss, ist die Voraussetzung. Wenn ich geistig in der Lage bin ein Verhalten eines anderen Menschen zu verstehen und dieses Verhalten auch für mich zu übernehmen, dann habe ich den Lernprozess am Modell erfolgreich absolviert.

2) <u>Emotionale Beziehung zwischen Beobachter und Modell</u>: Je intensiver die Beziehung zwischen observierendem Kind und dem Modell ist, desto höher ist die Wahrscheinlichkeit der Verhaltensnachahmung.

In vielen Kinderfällen erklärt dieser Punkt sich beinahe von selbst. Hätte man zu dieser Zeit ein Zuneigungs-Ranking erstellen müssen, wären wahrscheinlich viele Kindergärtnerinnen wohl unmittelbar nach der Mutter angeführt gewesen. Die Tatsache, dass viele Väter zu dieser Zeit das Los des berufstätigen Oberhauptes der Familie gezogen hatten und viele Kinder sie gefühlt viel zu selten zu Gesicht bekamen, hätte sie alle in dieser Rangliste auf die Plätze verwiesen.

3) <u>Konsequenzen des Verhaltens</u>: Vermutet der Beobachter hinter dem gesehenen Verhalten einen Erfolg, dann ist die Wahrscheinlichkeit der Nachahmung größer.

Diese Annahme wird von der jugendlichen Auffassung getragen, dass Rauchen *cool* sei. Dieses Verständnis kann durchaus aus persönlichen Erfolgserlebnissen resultieren. Man ist mit einer Zigarette vielleicht bei den Mädels erfolgreich(er). Man ist in der jeweiligen Clique integriert. Man ist speziell und hat durch die mit dem Rauchen einhergehende Coolness einen persönlichen Erfolg zu verzeichnen. Man gewinnt an Selbstvertrauen, weil man sich fälschlicherweise (aber für sich selbst erfolgreich) über die nichtrauchenden Jugendlichen glaubt, erheben zu können. „Ich bin es, der cool ist und raucht und die anderen sind es nicht. Die anderen sind „Loser", ich bin ein rauchender Gewinnertyp." Solche Gedanken etwa sind es auch heute noch, die Jugendliche antreibt zu rauchen.[45]

4) <u>Sozialer Status des Modells</u>: Personen, die einen höheren sozialen Status als der Beobachter haben, werden eher nachgeahmt, als Personen mit gleichem oder niedrigerem Status.

Das Modell sollte infolge seiner höher gestellten Position in der Gesellschaftshierarchie Macht oder andere kontrollierende Funktionen auf das Kind ausüben können. Dem Kind, als Beobachter ist dabei auch bewusst, dass das Modell eine belohnende oder bestrafende Instanz ist und diese Macht auch jederzeit auszuüben in der Lage ist. Gerade Kinder tendieren in ihren ersten Jahren dazu, Macht und Erfolg eines Menschen eher an seinen physiologischen Merkmalen, als an kognitiv-psychologischen Kriterien festzumachen. Je größer eine Person ist, desto mächtiger erscheint sie. Je älter eine Person ist, desto erfahrener und weiser wird sie wahrgenommen. Je tiefer die Stimme, desto respekteinflößender ist sie usw. All diese Aspekte trafen auf meine Kindergärtnerin zu. Es ist wohl auch schwer vorstellbar, dass Kinder etwa Gleichalte oder auch ältere Kinder mit physiologischen Einschränkungen (etwa Kleinwuchs oder sonstige defizitäre Merkmale) als Modelle wählen, wenn sie die Option eines guten Erwachsenenmodells ziehen können. „Bevor ich mich an Hänschen orientiere, mache ich es lieber so wie Hans", lautet die Devise in diesem Alter. Hermine konnte sowohl bestrafen, als auch Lob aussprechen. Sie war außer-

---

[45]Dies geht aus einer, von mir im April 2018 durchgeführten Befragung von ca. 120 jugendlichen Rauchern (16 - 19 Jahre) in einer Linzer Schule (BORG Linz) hervor.

dem in der Lage Konsequenzen aus diesem oder jenem Verhalten zu ziehen und einzufordern. Das machte sie so außergewöhnlich für mich. Viele andere Menschen konnten mich zu dieser Zeit zwar tadeln und mich maßregeln. Was sie allesamt jedoch nicht konnten und auch nicht durften war mich zu sanktionieren für ein etwaiges Fehlverhalten. Solch ein Machtpotenzial kannte ich eigentlich nur von meinen Eltern. Auch sie lobten und tadelten und konnten mich anschließend entweder mit Wohlwollen oder Strafen belegen. Und auch Hermine konnte und durfte das. Demnach sah ich in meiner Kindergärtnerin ebenfalls eine Autorität, die damals (nebst meiner Mutter oder meinem Vater) über mein Wohl und Wehe entscheiden konnte.

3.3 Das persönliche Fazit aus dem Ansatz von Bandura

Wir sehen also, dass sich nicht jeder Mensch als Modell eignet, sondern spezifische Merkmale aufzuweisen hat, um für die Kinder attraktiv zu werden. Kinder suchen sich selektiv die Modelle in der Welt der Erwachsenen aus. In der Tierwelt nennt man solch ein Selektieren der für ein Tier zuträglichen Stoffe *„Zoopharmakognosie"*. Es beschreibt das instinktive Wissen um die Pflanzen und Früchte, die heilend auf den Organismus des Tieres wirken. Bildlich gesprochen: Hat ein Löwe etwa Magenbeschwerden, da er das Zebra gar so hastig verschlungen hat, hält er nach abführenden Früchten oder Pflanzen Ausschau. Dabei leiten ihn bei der Suche und dem Finden der richtigen Substanz lediglich seine Instinkte. So scheint es auch bei Kindern zu sein. Sie wissen instinktiv, welcher Mensch Heilung verspricht und sie wenden sich diesem Menschen zu, weil er ihnen guttut. Sozusagen eine Art *„Anthropopharmakognosie"*.

Mein damaliger Kinderarzt, Dr. Sinz, hätte, obschon seiner heilenden Tätigkeit niemals die nötigen Attribute gehabt zum Modell. Und er hatte sie für mich im Kindergartenalter auch tatsächlich nicht. Es lag jedoch weniger an ihm selbst, als an seinem Beruf. Zwar war er rückblickend betrachtet ein wirklich einfühlsamer und guter Arzt, doch ihn verband ich seit je her mehr mit Schmerzen und Angst, als mit glücklichen und erfüllten Momenten. Jedes Mal, wenn meine Mutter mich zu ihm in das Einkaufszentrum Niedernhart schleifte, brach ich bereits im Warteraum in Panik aus. Ich wusste, dass mich in Kürze entweder eine Spritze erwarten würde oder aber ein langes, hölzernes Stäbchen tief hinab in meinen Hals geschoben werden würde – Brechreiz inkludiert. Und so war es schließlich dann auch. Da konnte meine Mutter so noch vehement versuchen mir zu erklären, dass Dr. Sinz mir nichts Böses wollte. Für mich war er der Feind in Weiß. Dementsprechend ungeeignet natürlich auch die notwendige Passung, die ihn zum Modell gemacht hätte. Auch viele meiner späteren Lehrer, Trainer und andere sogenannten Autoritätspersonen haben unter dem Strich nur das Potenzial gehabt lediglich als Anschauungsobjekte dafür zu dienen, wie man Kinder größtenteils nicht behandeln sollte. Sie hatten weder Einfühlvermögen noch Fingerspitzengefühl und verkörperten für mich nur Unverständnis und Intoleranz. Modelle im Sinne Banduras waren sie allesamt keine. Verstehen Sie mich nicht falsch. Ich war wirklich kein Kind, das mit Glaceehandschuhen berührt und nur mit lobenden Worten bedacht werden wollte. Bei mir konnte die ermahnende Stimme hin und wieder auch etwas lauter oder strenger sein, ohne dass ich dabei gleich in Tränen ausbrach. Ein drohendes Wort oder eine Strafe zur richtigen Zeit brachten mich umgehend zum Überdenken der jeweiligen Situation. Doch es musste auch gerechtfertigt sein. Ohne ersichtlichen Grund eine pädagogische Tirade oder eine physische Bestrafung über sich ergehen lassen zu müssen, machte mich eher renitent.

Im Falle meiner Kindergärtnerin jedoch kann ich das Fazit ziehen, dass sie alle Modellkriterien erfüllte. Sie nahm wohl die Paradeform ein, da sie mir, soweit ich mich erinnere, die perfekte Mischung aus erziehendem Wohlwollen und einem scharfen Sinn für Gerechtigkeit vermittelte. Wenn ich einmal mit anderen Kindern in Streit geriet und mich trotz aller Schuld völlig im Recht sah, erklärte sie mir mit eindringlichen und ehrlich gemeinten Worten, weshalb ich nicht im Recht war. So geschehen etwa öfter beim Matador spielen mit Eva. Wollte ich beim Mittagsschlaf meine Augen nicht so recht zu machen, dann fand sie mit der sanftesten Stimme, die ihr möglich war immer die richtigen Worte, um mich einschlafen zu lassen. So geschehen beinahe jeden Tag. Und hatte ich nach dem Mittagessen wieder einmal keine Lust den Abwasch zu erledigen, hatte sie zwar Verständnis dafür, aber machen musste ich es dennoch. So geschehen meist im Team mit Claudia K. und Lippen-Dieter. Doch sie erklärte mir vorher verständlich, weshalb ich es machen müsse und welche Auswirkungen meine Verweigerung für die anderen Kinder beim Abwasch haben würde. Und das machte den Unterschied aus. Das wollen Kinder in diesem Alter hören und genau das wollen sie auch verinnerlichen. Sie empfinden es als richtig und gut. Und genau das vermittelte meine Kindergärtnerin. Wenig überraschend also, dass bei dieser Zuwendung eine strahlende Bewunderung von meiner Seite nicht ausblieb. Die Tatsache, dass ich an ihr erstmals bewusst wahrgenommen habe, dass gerade sie es war, die rauchte hat mit hoher Wahrscheinlichkeit auch mein letztliches Rauchverhalten mitgeprägt Ich will Ihnen auch sagen, weshalb ich das denke.

Es war ein schlicht magischer Moment, als ich beim Küchenfenster hinausgesehen habe und Hermine eingehüllt in einen fast mystischen Schleier da stehen sah. Dichte, grauweiße Wolken verschleierten sie. Und es war sie, die diese Wolken produzierte. Aus ihrem Mund heraus kam Nebel, der sie wie eine Zauberin für mich erscheinen ließ. Sie kennen doch die telegenen Feen oder Elfen (z.Bsp. in Fantasyfilmen), die immer begleitet von einem magischen Schleier erscheinen. Solch eine Assoziation musste ich damals auch gehabt haben. Meine Kindergärtnerin als magische und sich selbst erzeugende Erscheinung. Das macht natürlich Eindruck auf Kinder. Noch dazu rauchte die andere Kindergärtnerin nicht. Somit konnte sie auch nicht zur Zauberin oder Elfe werden. Diese Macht hatte sie nicht. Sie war allenfalls Dienerin oder Handlangerin und in der magischen Hierarchie viel schlechter gestellt. Diese Macht hatte nur Hermi. Sie hatte es in der Hand und die andere Kindergärtnerin eben nicht. So erfrischend einfach gestrickt ist das Kinderdenken. Außerdem hatte ich zudem ja wahrgenommen, dass Hermine auch ein Feuerzeug benutzte, um die Zigarette anzuzünden. Feuer – etwas für Kinder Verbotenes und Gefährliches. Aber auch etwas Schönes, denn Flammen verband ich in erster Linie mit Advent, Geburtstagen, Weihnachten und ähnlichen Feiertagen. Allesamt Tage, an denen etwas Schönes und Aufregendes passierte. Und so musste es mir in diesem Moment auch vorgekommen sein. In Hermines Hand konnte mit der Flamme nur etwas Gutes passieren. Sie hatte die Macht, sie zu bändigen. Sie war erwachsen und mutig und hatte das Feuer, das symbolisch für gute Momente stand, völlig unter Kontrolle. Und nun denken Sie das

Feuer und den magischen Wolkenschleier zusammen und voila´: Fertig ist die Illusion des Rauchens als mystischer und *machtgenerierender* Akt. So ist es auch zu erklären, dass Kinder öfters Kaugummi- oder Schokozigaretten kaufen und so tun, als wären sie erwachsen und mächtig. Wenn es dabei noch dazu Winter ist und der ausgeblasene Atem ein ähnliches Erscheinungsbild abgibt, wie ausgeblasener Zigarettenrauch, dann ist das gespeicherte Verhalten des Modells im Kind vollends geweckt. Die Imitation nimmt konkrete Formen an: „Ich bin es, der einerseits die motorischen Fähigkeiten besitzt, das Modell zu imitieren. Ich habe auf der anderen Seite auch die notwendigen Utensilien dazu (wenngleich zumeist ein Stückchen Holz als fiktives Feuerzeug vorgestellt wurde). Und drittens, habe ich bildlich repräsentativ abgespeichert, wie mein Modell „Hermine" es gemacht hat." Fertig ist das schöne Gefühl in diesem Moment erwachsen zu sein. Es ist ein freudiges Gefühl, man fühlt sogar so etwas wie Stolz ob seiner Leistung. Man hat das bislang noch nie Nachgemachte nun erstmalig nachgemacht und seine Gefühlswelt mit neuen, schönen Emotionen bereichert. So oder ähnlich könnte es sich in vielen Fällen zugetragen haben.

Für mich persönlich jedenfalls steht fest, dass mit dem Eintritt meiner Kindergärtnerin in mein Leben, der nächste neuralgische Punkt in meinem Leben ausfindig gemacht worden ist. Dabei ist es relativ unerheblich, ob der genaue Zeitpunkt nun meine allererste Begegnung im Schlafraum mit ihr war oder eben das zeitlich nachgereihte Beobachten beim Rauchen. Fakt ist: Ihr Einfluss und ihre Wirkung auf mich sind nicht von der Hand zu weisen. Und so kann ich für mich den Schluss ziehen, dass sie maßgeblich beteiligt war bei meiner Prägung und dem Beschreiten meines mit Nikotin gepflasterten Lebensweges.

4 Vierter neuralgischer Punkt –
Der soziologische Zugang

Wollen wir nun an dieser Stelle eine kleine Zäsur machen und Zwischenbilanz ziehen. Bislang wurden drei Punkte auf unserer Reise geortet, die unter Umständen meinen Nikotinkonsum erklären könnten. Der genetische Ansatz, der meine Sucht als vererbtes Defizit deklariert und demnach als „Shit Happens"-Faktor gesetzt werden darf. Der sexuelle Entwicklungsansatz von Freud, der die fehlende Urbindung von Mutter und Kind in den Mittelpunkt stellt und das Suchtverhalten als Ersatzbefriedigung begreift. Und als weiteren Punkt den verhaltenspsychologischen Zugang von Bandura, der auf kognitiver Ebene mein Verhalten erklären will. Ob nun jeder dieser Ansätze isoliert voneinander die Qualität hat, als alleinige Ursache zu fungieren oder ob all diese Zugänge kombiniert zu betrachten sind, darüber herrscht bei mir selbst momentan noch Unklarheit. Nichtsdestotrotz bin ich bis jetzt ganz zufrieden. Ich habe mich bereits weit vorgearbeitet, auch wenn das Ziel der Reise noch zwei Haltestellen weit entfernt liegt. Verlassen wir also die Zwischenbasis wieder und machen uns daran, nach dem vorletzten neuralgischen Punkt Ausschau zu halten.

4.1 Ein Taferlklassler in der Volksschule 21

Wie geht es also weiter, bei meiner Fahrt durch das Leben? Nun, wie bei jedem anderen Menschen in diesem Alter normalerweise auch. Nach meiner Zeit im Kindergarten (der anal-phallischen Phase) stand nun der Übergang zur sogenannten Sozialisationsphase bzw. Latenzphase bevor. Demgemäß mussten meine Eltern natürlich auch meine weitere schulische Laufbahn in ihr Kalkül ziehen. Es musste eine Entscheidung gefällt werden, in welcher Volksschule ich untergebracht werden sollte. Die Wahl fiel auf die VS 21 am Spallerhof und zwar aus zweierlei Überlegungen heraus. Erstens, war diese Schule recht bequem auf dem Fußweg erreichbar. Und zweitens, waren viele meiner damaligen Freunde aus dem Hof und Kindergarten in dieser Schule angemeldet worden.

So kam es, dass ich an meinem ersten Schultag, ausgestattet mit einer bombastischen Schultüte und flankiert von vielen bekannten Gesichtern, erstmals das Klassenzimmer der Volksschule betrat. Der erste Eindruck war überwältigend. Überall standen Holztische in Reih und Glied geordnet. Die Tafel an der Wand nahm beinahe die ganze Stirnseite des Raumes ein. Über dem Lehrerpult prangten ein hölzernes Kreuz und daneben das Bildnis des damaligen Bundespräsidenten, Dr. Rudolf Kirchschläger. Dass dies alles in der Retrospektive nichts Besonderes war, ist aus heutiger Sicht klar. Nicht jedoch für ein Kind. Für einen Siebenjährigen, der erstmalig in seinem Leben in einem Klassenraum stand war es wie der Eintritt in eine andere Welt. Alles war neu für mich. Ich war aufgeregt ob der Frage, was mich denn hier alles erwarten würde. Neben wem würde ich sitzen? Wer würden meine Mitschüler sein? Was würden wir hier überhaupt lernen und das Wichtigste: Würde meine Lehrerin eine nette und sympathische Person sein? Solcherart Gedanken sind es, die einen hochgradig beschäftigen und vorerst in einen ungewohnten Zustand der Spannung und Unsicherheit versetzen. Man ist plötzlich mehr oder minder sich selbst überlassen. Ein bewusstes Wahrnehmen stellt sich ein, dass ein völlig neuer Lebensabschnitt Einzug gehalten hat mit dem man selbst klar kommen muss. Der stürmische Ernst des Lebens hatte sozusagen begonnen. Ich hatte jedoch Glück, dass dieser Lebensernst sich für mich vorerst eher wie ein laues Lüftchen präsentierte. Meine Lehrerin war wirklich nett und aufopfernd und die jeweiligen Stoffgebiete waren in der Volksschule keine allzu große Herausforderung für einen kleinen, aber durchaus fitten Kopf wie mich. Auch mit meinen Klassenkameraden verstand ich mich von der ersten Minute an prächtig. Dabei war die gute Klassengemeinschaft von der Tatsache getragen, dass man sich ja untereinander bereits größtenteils kannte. Mindestens die Hälfte der Mitschüler war mir bereits vom Hof her bekannt. Und den Rest hatte ich entweder im Kindergarten oder bei anderen Anlässen (Faschingsevents, Arztbesuche, usw.) bereits zu Gesicht bekommen. Auffällig bei unserer Konstellation war auch, dass keiner meiner Mitschüler ursprünglich aus dem europäischen Ausland oder gar von einem anderen Kontinent kam. Verstehen Sie mich nicht falsch, aber damals war man bereits exotisch genug, wenn man nur aus der Linzer Peripherie stammte. Ich kann mich noch gut erinnern, dass wir eine Schülerin in unserer Klasse hatten, die ursprünglich in Freistadt geboren war. Sie hieß Tanja und war im Alter von sieben Jahren auf den Spallerhof gezogen. Das reichte für uns Kinder bereits aus, um in ihr eine Außerirdische zu sehen. Selbst unsere Lehrerin, Frau Ulrike W., differenzierte stets zwischen uns städtischen Schülern und ihr, als Zugezogene vom Land. Ganz eklatant offenbarten diese Unterscheidungen sich meist beim Mathematikunterricht, wo Frau W. des Öfteren mit den Worten schloss: „So, nachdem ich euch jetzt erklärt habe, wie es geht, erkläre ich es jetzt nochmals für die Tanja. Denn die Tanja kommt ja eigentlich vom Land und versteht das Ganze nicht so schnell." Nicht auszudenken, würde man als Lehrkraft auch heute noch solch obsoleten

Vorstellungen einer geminderten Intelligenz infolge des Aufwachsens am Lande (oder gar in einem anderen Land) anhängen. Wahrscheinlich würde man sich über kurz oder lang sogar im Büro des Landeschulinspektors wiederfinden und zur Rechenschaft ob solch diskriminierenden Verhaltens gezogen werden. „Dienstaufsichtsbeschwerde" würde das pädagogische *Tadelwort* hierfür lauten. Nichtsdestotrotz erinnere ich mich dunkel daran, dass Tanja leider wirklich keine gute Schülerin war. Das dürfte im Lichte des Gesagten jedoch weniger an ihrer Herkunft, als eben an der Beurteilung und Benachteiligung unserer Lehrerin gelegen haben.[46]

Für mich persönlich war das alles dazumal natürlich noch nicht einsichtig. Es wäre mir vermutlich auch egal gewesen, denn mich mochte unsere Lehrerin ja und meine Noten waren über die Jahre auch dementsprechend gut. Egal ob Mathematik, Deutsch oder Sachunterricht. Ich wurde in jedem Fach stets mit einem „Sehr gut"

---

[46]In der Psychologie hat sich für das Phänomen der Benachteiligung von Schülern oder geschlechtsspezifischen Schülergruppen seitens der Lehrkraft der Begriff „Selffulfilling Prophecy" etabliert. Solche sich selbsterfüllende Prophezeiungen sind Vorhersagen, die aufgrund unserer Erwartungshaltung schließlich wirklich eintreten. Man kann daher auch vom „Erwartungseffekt" sprechen. Der Sozialpsychologe *Robert ROSENTHAL* konnte diesen Effekt in einem klassischen Experiment mit Schülern und Lehrern aufzeigen: Zufällig ausgewählte Schüler, die dem Lehrer als besonders intelligent und leistungsstark präsentiert wurden, brachten im Vergleich zu den anderen Schülern signifikant größere Leistungsverbesserungen zustande. Auch war auffällig, dass die Lehrkraft diesen guten Schülern gegenüber ein freundlicheres Verhalten zeigte, sie häufiger aufrief, öfter lobte als tadelte und ihnen gute Noten gab. (Vgl. Rettenwender E., *Psychologie* , Veritas Verlag 2016, S.160) Dies würde im logischen Umkehrschluss bedeuten, dass bei Schülern, welche als leistungsschwach und nicht intelligent vom Lehrer eingestuft werden, gegenteiliger Effekt auftritt und sie mit Unfreundlichkeit, Ignoranz und schlechten Noten rechnen müssen.

beurteilt und das freute mich natürlich. Was mich jedoch noch weitaus mehr freute war die Tatsache, dass mein Zeugnis vor allem meine Eltern in begeisterte Jubelzustände am Ende des jeweiligen Schuljahres versetzte. Gerade bei meinem Vater, der es das gesamte Jahr über zuwege brachte mit seinen Emotionen hauszuhalten brachen am Zeugnistag zumeist alle Dämme. Doch leider zumeist immer so, dass ich nicht so recht wusste, wie mir geschah. Jedes Mal, wenn ich ihm an diesem obligaten Tag meine Zensuren freudestrahlend unter die Nase hielt, sammelten sich dicke Tränen in seinen Augen. Dann presste er mich beinahe ekstatisch an seine Brust. Meist folgte noch ein tränenersticktes und gestammeltes „Toll gemacht mein Junge", ehe ich abschließend einen Kuss auf meine Stirn von ihm bekam. Auf mich, als Kind wirkte diese Situation immer beklemmend, ja geradezu verstörend. Welches Kind sieht seinen Vater schon gerne weinend da stehen? Noch dazu wirkten alle anderen Eltern freudig und strahlend. Aus welchem Grund also könnte mein Dad als Einziger so unangemessen reagieren? Es wirkte alles peinlich auf mich und zu allem Überfluss sah ich mich noch dazu als Urheber dieser Situation. Trotzdem überwand ich mein Schamgefühl und meine Unsicherheit immer meinem Vater zuliebe und freute mich mit ihm. Heute weiß ich es besser: Mein Vater weinte, da er in seiner Kindheit solche Momente nie selbst erlebt hatte. Ihn überkamen in diesem Moment so viele gemischte Gefühle, so viele Träume aus der Kindheit, die sich für ihn nie erfüllten, dass er gar nicht anders konnte, als seinen verlorenen Chancen nachzuweinen…

4.2 Die missglückte Fußballerkarriere – „Oh Madonna" statt „Oh Maradona"

Im Anschluss an die Zeugnisübergabe gingen wir zumeist in die Pizzeria „Nikolai", die sich gleich um die Ecke zum Kindergarten befand. Eine nette, kleine Trattoria in der es für uns Kinder am Zeugnistag immer eine kleine Überraschung gab. Eine kleine Portion Eis oder ein Stück Tiramisu, das der Chef persönlich an den Tisch brachte. Natürlich immer mit einem italienischen Spruch auf den Lippen. Ich verstand ihn zwar nicht, aber das machte nichts. An diesem Tag hörte sich beinahe alles gut für mich an. Die Überraschung, die es für mich an diesem Tag gab, war aber anderer Art. Und ich weiß auch noch, dass sie zu den Dingen gehörte, die sich besonders gut anhörten.

Aufgrund der guten Noten hatten meine Eltern nämlich beschlossen mich zur Belohnung bei einem Fußballverein anzumelden. Freizeit war genug da und das schulische Lernen nahm nicht übermäßig viel Zeit in Anspruch. Warum also keiner Sportart nachgehen, so die elterliche Überlegung. Ich hatte auch gute sportliche Ansätze. Ich konnte mich akkurat bewegen, war schnell und hatte ein gutes Verständnis für die Spiele. Dies wurde meinen Eltern zumindest von der Turnlehrerin mitgeteilt. Und es stimmte überwiegend auch. Sowohl bei Ballspielen, als auch bei Geschicklichkeitsübungen war ich immer mit vorne dabei. Auch konditionell fordernde Übungen brachten mich nur schwer ans Limit. Ich mochte sie zwar nicht, weil sie anstrengend waren aber der Wille den Schweinehund zu überwinden zeichnete sich immer stärker aus, als der Gedanke ans Aufgeben. Alles in allem hatte ich das Potenzial mich im Sport zu perfektionieren, warum also nicht im Fußball? Was ich jedoch von meinem Vater an diesem Tag noch zu hören bekam war für mich die wohl schönste Überraschung überhaupt. Er teilte mir mit, dass niemand geringerer als er mein Trainer sein würde und zwar beim FC Donau Linz, einem Linzer Traditionsverein. Er würde mich als Verteidiger in der Miniknabenmannschaft einsetzen mit der Option, irgendwann sogar der Kapitän der Mannschaft zu werden. Stellen Sie sich meinen Gesichtsausdruck und meine Freude vor. Vergessen war die peinliche Situation bei der Zeugnisübergabe. Mein Vater war mein Trainer und das bedeutete für mich zweierlei: Erstens, würde ich von meinem Vater das professionelle Fußballspielen lernen und zweitens, würde ich ihn nun verhältnismäßig öfter sehen, als dies bisher der Fall war. Nachdem nämlich zweimal in der Woche Training am Plan war und an den Wochenenden zumeist ein Spiel anstand, bedeutete das für mich eine weitaus intensivere Vater-Sohn-Beziehung, als bisher. Und das hörte sich für meine Ohren immens gut an. Es war, als ginge man mit seinem Vater dreimal in der Woche auf den Urfahrmarkt. Mir wäre in diesem Moment niemals der Gedanke gekommen, dass aus dieser neuen Lebenssituation auch unliebsame und komplizierte Zeiten resultieren könnten. Dazu war alles in diesem Moment einfach zu schön. *Zu schön*, eben!

Denn wie sich herausstellen sollte, traten mit meinem Eintritt ins Fußballleben auch zweierlei Probleme zutage. Problem 1 war, dass ich, wie sich schnell herausstellen sollte, leider völlig talentfrei war, wenn es um die fußballerische Ballbehandlung ging. Ich konnte weder angemessene Pässe schlagen noch das Leder adäquat annehmen und stoppen. Ich war lediglich ein bewegliches Hindernis. Dementsprechend selten wurde ich auch von den eigenen Mitspielern bedient. Es kam mir vor, als würde ich von ihnen überhaupt nur deswegen geduldet werden, da ich das Privileg „genoss" der

Trainersohn zu sein. Dies führt mich auch geradewegs zu Problem 2. Ich hatte zu dieser Zeit nämlich fälschlicherweise die Anschauung mit meiner Sonderstellung als Trainersohn würde ich einige Annehmlichkeiten und Vorzüge genießen. Weit gefehlt! Wann immer Trainingseinheiten zu absolvieren waren legte mein Vater das Hauptaugenmerk auf mich. Und er kritisierte in weiterer Folge auch immer nur mich, was mir zu meinem Leidwesen immer zusätzliche Übungen einbrachte. Den Ball nicht nach seinem Dafürhalten gestoppt – Strafrunden laufen. Flanken nicht zielgenau angeschlagen – Liegestütze machen. Und alberte ich hin und wieder etwas herum (wie alle anderen auch), sah man mich zur Strafe schon Klappmesser am Trainingsfeld machen. Nur mich, wohlgemerkt. Die anderen, so hatte ich den Eindruck hatten Narrenfreiheit. Sie konnten sich Sachen erlauben, ohne dafür zur Rechenschaft gezogen zu werden. Das missfiel mir natürlich sehr und meine Skepsis bezüglich der erhofften Intensivierung unserer Beziehung wuchs. Was sollte es für einen Sinn ergeben, wenn ich meinen Vater jetzt zwar öfter zu Gesicht bekam, ich jedoch mit jedem Mal statt väterlicher Wärme nur seine Härte als Trainer zu spüren bekam? Eigentlich keinen. Es wäre in etwa so, als würde man sich schon lange Zeit auf etwas freuen, um dann jedoch festzustellen, dass die Bilder der Vorfreude sich nicht mit den Bildern der Realität abgleichen lassen – Enttäuschung pur. Dennoch versuchte ich anfänglich mich der momentanen Lage zu fügen. Permanent mit der Hoffnung auf Besserung. Ja, ich war sogar so weit, die ungerechtfertigten Kritiken meines Vaters anzunehmen und zu beherzigen. Ich tat alles, was in meiner kindlichen Macht stand, meinem Vater zu gefallen. Ich rannte meine Strafrunden ohne Beanstandung und mit vollem Einsatz. Ich machte die Liegestütze mit doppelter Energie. Ich heuchelte sogar Verständnis, wenn ich zu den Klappmessern antreten musste. Doch je mehr ich mich auch bemühte und abrackerte, je mehr ich meinem Vater beweisen wollte, dass ich zurecht beim FC Donau spielte, desto höher wurde die Latte von ihm angesetzt. Ich konnte tun, was ich wollte, es war ein vorprogrammiertes Scheitern. Und dieses ewige „Das gibt es doch nicht, bemüh´ dich doch einmal", hallt heute noch dröhnend in meinen Ohren nach. Sie müssen wissen, dass ich zu dieser Zeit das eine oder andere Mal bereut habe überhaupt mit dem Fußballspielen begonnen zu haben. Wenn auch die Zeit vorher mit meinem Vater spärlich gesät war so war das immer noch besser, als ihn kontinuierlich als unzufriedenen und kritisierenden Menschen wahrnehmen zu müssen. Lieber wenig und schön, als viel und Scheiße!

4.2.1 Auswirkungen des Fußballs auf die Familiensituation

Trotz alledem hatte diese Zeit jedoch auch ihre guten Seiten. Was ich nämlich bei meinem Vater vergebens suchte, nämlich Anerkennung und Zuneigung, das fand ich dafür bei meiner Mutter umso mehr. Mein Vater spielte mich mit seinem Verhalten ihr sozusagen regelrecht in die Hände. Sie brachte zu dieser Zeit viel Verständnis für mich auf. Sie erkannte, dass ich unentwegt einer Doppelbelastung – einerseits sportlich, andererseits familiär – ausgesetzt war. Doch was sie darüber hinaus noch erkannte war, dass *auch sie* dieser Belastung ausgesetzt war und das musste korrigiert werden. Zwei Fliegen mit einer Klappe, das war der Plan.

Dementsprechend lautstark ging es bei uns dann oft auch her. Meine Mutter herrschte regelmäßig meinen Vater an, er habe nicht das Wohl der Familie im Auge. Seine kleinkarierte Welt drehe sich nur um den Sport. Mein Vater wiederum konterte, dass aus mir ja schließlich einmal etwas werden sollte. Ihm sei es doch zu danken, dass er sich den Arsch aufreißen würde für meine Laufbahn. Die Stimmung bei solchen familiären Disputen heizte sich zumeist soweit auf, dass einer der beiden irgendwann den Raum verließ und die Tür laut hinter sich zuknallte. Dies war dann auch der Moment in dem ich verängstigt zusammenschreckte. Erneut wurde mir klar, dass eigentlich ich latent der Urheber dieser Streitgespräche war. Auch war mir bewusst, dass die nächsten Tage wieder gekennzeichnet sein würden von eiserner Funkstille zwischen meinen Eltern.

Doch gerade dieses selbst aufoktroyierte Schweigegelübde der beiden brachte mich auf den Plan. Ich verstand es nämlich ausgezeichnet meine Vorteile in der jeweiligen Gemütslage der beiden zu suchen. Ich war das, was man schlechthin einen Opportunisten nennt. Gab ich meinem Vater das Gefühl auf seiner Seite zu sein, konnte ich zumeist viele Sachen von ihm haben. Da kam es dann schon vor, dass ich am Abend eine Stunde länger auf sein durfte oder auch mit ihm in die Stadt Einkaufen fahren durfte. Schöpfte ich jedoch vergleichsweise mehr Vorteile, wenn ich mich auf die Seite von meiner Mutter schlug, dann tat ich das umgekehrt natürlich auch. Lieblingsessen und abendliche Brettspiele (DKT, Mikado, Mühle) waren mir in solchen Fällen immer sicher. Kurz gesagt, ich lernte aus den Streitsituationen Kapital zu schlagen. Ich wusste, wie ich meine Eltern mehr oder weniger gegeneinander ausspielen konnte. Dieses opportune Verhalten sehe ich heute als Resultat meiner damals altersgebundenen Orientierungslosigkeit und kindlichen Unsicherheit. Ich war Einzelkind und etwa acht Jahre alt, also in einem Alter, in dem man blind auf die Entscheidungen der

Eltern vertraut. Sie wissen, was das Beste ist. Und ohne zu hinterfragen, ob denn die gefällte Entscheidung wirklich konform geht
mit den eigenen Interessen, nimmt man die Weisungen in Erman-
gelung eines besseren Wissens an. Wenn man noch damit beschäftigt ist die Welt um einen herum zu entdecken, dann ist man für
jede Orientierungshilfe dankbar. Aber die Lage spitzte sich langsam zu. Ich wusste mit der Gesamtsituation nicht so wirklich um-
zugehen. Ich war es gewohnt, dass die Entscheidungen meiner
Eltern unisono gefällt wurden. Dass sie sich jetzt aber uneins waren
bei der Entscheidung, wie es mit mir weitergehen sollte, beunru-
higte mich. Ich wusste schließlich, dass es um mich ging, dass ich
der zentrale Punkt der Querelen war. Auch wenn ich gelegentlich
einen persönlichen Nutzen aus diesen Streitereien gezogen hatte,
so bekam ich es etwas mit der Angst. Ich denke, ich wusste damals
genau, dass ich mich in dieser Zeit neutral und diplomatisch zu
verhalten hatte. Zusätzliches Öl ins Feuer zu gießen und das familiäre Übel zu forcieren war kontraproduktiv.

4.3 The Rookie of the year – meine Anfänge im Tennis

Umso erleichterter war ich, als ich eines Abends von meinen Eltern
gesagt bekam, man hätte eine Lösung gefunden. Ich würde fortan
nicht mehr Fußballspielen. Dieser Sport sei einfach nicht zuträglich
für den familiären Frieden. Noch dazu, wenn der Vater es sei, der
den Sohn trainieren würde. Deshalb sollte ich zukünftig überhaupt
einer anderen Sportart nachgehen, nämlich dem Tennissport. Tennis sollte künftig das neue Fußballspielen für mich werden. Dieser
Entschluss machte für meine Eltern insofern Sinn, als viele ihrer
Bekannten samt Nachwuchs, bereits bei diversen Tennisvereinen
spielten. Auch war mein Talent für diese Sportart ungleich größer,
als dies beim Fußball der Fall gewesen war. Und mir gefiel der

Gedanke, im Beisein meiner Eltern mit anderen Bekannten und Kindern einen Teil der Freizeit zu verbringen. Zwar hatte ich noch wenig Erfahrung mit dem Tennisspiel an sich, aber das machte nichts. Motorisch begabte Kinder, wie ich eines war, benötigen gerade in einigen Ballsportarten nur sehr wenig Anlaufzeit, um erste Fortschritte erblicken zu lassen. Außerdem wollte ich meinen Eltern auch beweisen, dass sie die richtige Entscheidung gefällt hatten und ich meinen neuen Lebensweg dankend annehme. Ich war erleichtert, dass alles ein gutes Ende nahm und ich nicht mehr im Mittelpunkt der gesamten Problematik stand. Und dieses Abfallen der Last wollte ich meinen Eltern mit meinem Ehrgeiz und meinem Engagement vermitteln. Vielleicht hatte ich aber einfach nur Angst vor einem Rückfall zu Hause. Darum gab ich meist doppelten Einsatz, sowohl tennistechnisch, als auch im Bekunden von Freude und Spaß, um diesbezüglich keine Zweifel aufkommen zu lassen. Und siehe da: Es gelang!

Ich kann mich daran erinnern, dass diese Zeit einen wunderbaren Lebensabschnitt markierte. Zu Hause kehrte wieder Frieden ein und jeder hatte im Grunde genommen einen Vorteil aus der neuen Situation gezogen. Ich war mit Jungs und Mädchen des gleichen Alters im Tennisclub. Meine Eltern hatten viele Bekannte dort, es wurde Tennis gespielt, es wurde gegrillt und es wurde gefeiert. Ich denke, dass wir als Familie eine grandiose Zeit dort verbrachten. Es gab Tage, an denen ich bereits am Vormittag voller Eifer am Platz stand und darauf wartete ein Match zu spielen. Und wenn wider Erwarten niemand da war, dann hämmerte ich die Bälle einfach stundenlang an die Tennismauer. So lange, bis jemand kam und sich meiner erbarmte. Bis das Erbarmen mehr und mehr dem Staunen über mein Talent wich und ich im Alter von neun Jahren folglich meine ersten Trainerstunden bekam. Bis dahin hatte ich in erster Instanz immer mit meinen Eltern oder den anderen Kindern im Club gespielt. Doch mein Talent im Tennis sei unübersehbar, so die Meinung einiger alter Vereinskiebitze. Ich hätte gute Antizipationsansätze, eine gute Technik und taktisches Verständnis. Für einen Jungen in meinem Alter sei dies alles sogar bereits in hohem Maße vorhanden. Man müsse diese Fertigkeiten unbedingt weiter ausbauen. Dann würde der nächste Shooting Star des ASKÖ Kleinmünchen geboren sein. Natürlich trugen sie diese Dinge nicht an mich persönlich heran. Aber ich hörte ihnen zu, wenn sie miteinander redeten. Und auch meine Eltern hörten ihnen zu. Naturgemäß ließ sich mein Vater mehr beeindrucken von den Worten der Alten, als meine Mutter. Doch auch sie machte einen Eindruck des Stolzes, wenn das Gespräch sich um mich drehte. Und auch ich persönlich war froh darüber, meine Eltern beeindrucken zu können. Nebst meinen schulischen Leistungen, wollte ich sie nun auch sportlich begeistern und ihnen zeigen, was alles in mir steckte.

So kam es schließlich auch, dass ich nach den ersten paar Trainingseinheiten bereits grundlegende Fortschritte zu verzeichnen hatte. Ich durfte hin und wieder sogar mit den arrivierten Spielern des Vereins ein paar Bälle schlagen. Das stachelte meinen Ehrgeiz natürlich noch mehr an, als dies ohnehin bereits der Fall war. Mein Wille, alles dem Tennissport unterordnen zu wollen, wuchs mehr und mehr an. Doch nicht nur *mein* Wille und mein Ehrgeiz steigerten sich, sondern analog dazu auch *der meines Vaters*. Während meine Mutter bei meinen Trainingseinheiten zumeist mit ihren Freundinnen und Bekannten im Clubhaus bei einem Kaffee verweilte war mein Vater stets als Zaungast zugegen. Anfänglich noch recht leise und beobachtend, doch mit der Zeit sich mehr und mehr lautstark mitteilend: „Geh mehr in die Knie. Der Oberkörper muss beim Schlag steif bleiben. Mehr Beinarbeit, mehr Bewegung!" Ja, hin und wieder waren seine Zwischenrufe und seine persönliche Motivation, mich verbal zu Höchstleistungen zu treiben so präsent, dass er sogar von meinem damaligen Trainer gebremst werden musste. Mich persönlich störte das anfänglich relativ wenig. Zwar machte ich mir sehr wohl einige Gedanken darüber, warum mein Vater sich denn gar so sehr ereiferte, doch relativierten meine Gedanken sich immer schnell. Ich redete mir einfach ein, er meine es sicher nur gut mit mir. Und so begab es sich auch, dass meine Motivation sich mehr und mehr dem Zenit näherte. Ich stand jede freie Minute am Platz und feierte bereits gegen so manch etablierten Spieler meine ersten Matcherfolge. So war es auch nur eine Frage der Zeit, bis ich von meinem Dad bei den ersten Jugendturnieren in Oberösterreich angemeldet wurde. Dort schnitt ich anfänglich zwar relativ schlecht ab, doch mein ungebremster Ehrgeiz (samt dem meines Vaters) trieb *uns* dazu, meine Trainings noch mehr zu intensivieren, um besser zu werden. Und es kam schließlich, was kommen musste. Mein erster Siegespokal zierte endlich meinen Nachttisch und über dieser Trophäe schwebte auch der ganze Stolz meines Vaters. Und so ging es stetig weiter. Ich wurde besser, die Pokale häuften sich und der Stolz meines Vaters wuchs an. Was jedoch nicht anwuchs, sondern schrumpfte war das Budget meiner Eltern. Die Trainer kosteten Geld, die Startgelder für Turniere mussten bezahlt werden, Anfahrtskosten mussten berappt werden usw. Doch das alles hatte für mich keinerlei Bedeutung. Ich hatte keinen großartigen Bezug zu Geld. Doch wer hat das schon in diesem Alter? Und nachdem mein Vater weiter stolz auf mich sein wollte und ein Stück weit seinen eigenen Traum leben konnte, in-

111

vestierte er auch weiter in meine Laufbahn. Vielleicht, so der heimliche Gedanke, würde es sich ja irgendwann bezahlt machen und das Geld würde zurückfließen. Zwar war das ein frommer Wunschgedanke, wie sich noch herausstellen sollte, aber geflissentlich fiel mein Vater sicher solchen Prognosen anheim.

4.3.1 Die familiäre Situation infolge des Tennissports

Die Wünsche meiner Mutter hingegen fingen an, sukzessive in eine andere Richtung zu tendieren. Sie wittere instinktiv bereits wieder einen Rückschritt in alte Problemzeiten innerhalb der Familie. Sie sah meine sportlichen Erfolge verstärkt mit Sorge ob der Tatsache, dass meine Noten in der Schule sich schleichend verschlechterten und ich infolge meines sportlichen Terminplanes auch die sozialen Kontakte mit meinen Freunden nicht mehr adäquat weiterknüpfen konnte. Und rückblickend muss ich sagen, dass sie damit mehr als Recht hatte. Nicht nur, dass meine Zensuren sich um einen ganzen Notengrad nach oben bewegten, bekam ich wegen des straffen Tennisplans auch meine Schulfreunde in der Freizeit nicht mehr zu Gesicht. Während diese im Kollektiv bei uns im Hof Fußball spielten oder sich dort einfach nur zum Austausch trafen, stand ich am Platz und malträtierte die gelben Filzkugeln. Wurde ich zu einer Geburtstagsfeier an den Wochenenden eingeladen, so musste ich aufgrund anstehender Turniere immer absagen. Und während alle Welt in den Ferien Abkühlung an den Badeseen oder Freibädern suchte, schwitzte ich bei Konditionsübungen und Zirkeltrainings. Nicht, dass ich das alles nicht willig tat, der sportliche Erfolg gab mir schließlich Recht.

Dennoch wurde mir mehr und mehr bewusst, dass mein Leben mit vielerlei Entbehrungen behaftet war. Es war nicht der Pauschalweg, den Kinder in dieser Altersphase normalerweise gehen. Es war ein Weg, der häufig mit Verzicht und Qualen gepflastert war und der sich in eine andere Richtung entwickelte, als der meiner damaligen Freunde. Hin und wieder, so glaube ich mich erinnern zu können, fühlte ich mich damals sogar etwas randständig. Ich wusste nichts über die neuesten Kinderserien im Fernsehen, Markenkleidung oder angesagte Jugendmusik. Ich wusste, wer gerade der Weltranglistenerste im Tennis war oder welche Schlägermarken es gab. Das war mir bekannt. Doch dass die Erde sich nicht nur um gelbe Bälle dreht, die mein Universum markierten, das war mir damals fremd. So kam es auch, dass meine Freunde und Mitschüler mich ob der sportlichen Erfolge zwar respektierten, mich ansonsten aber demonstrativ übergangen. Ich registrierte das insofern, als dass ich etwa beim Völkerball zuletzt gewählt wurde. Beim Werkunterricht bekam ich keine Schere mehr geborgt. Und in den Pausen wurde ich nicht mehr gefragt, ob ich beim Autoquartett mitspielen wolle. Kleinigkeiten, möchte man meinen. Doch Kinder haben ausgeprägte Sensoren, wenn es um Ausgrenzung und Exklusion geht. Anstatt jedoch zu versuchen die Sozialkontakte wieder aufzubessern, galt meine Konzentration nun noch mehr dem Tennis. Es war eine Art Flucht nach vorne. Ich hatte die Verknüpfung von Tennis und Sozialproblemen zu dieser Zeit wahrscheinlich noch nicht in dem Maß durchschaut, um zu registrieren, dass das eine das andere bedingt.

Und zu allem Überfluss brauten auch zu Hause sich wieder dicke Gewitterwolken zusammen. Meine Mutter warf meinem Vater nun vor, dass er sich durch mich nur selbst verwirklichen wolle. Er sei nur darauf aus sich selbst gut zu fühlen und er verschwende keinen Gedanken an die generelle Familiensituation. Ich sei so etwas, wie ein Werkzeug, ein Mittel zum Zweck. Die Machenschaften meines Vaters zu durchschauen sei ich noch nicht in der Lage. Noch dazu stünde auch noch mein Schulwechsel von der Volksschule in das Gymnasium bevor. Mit diesem Wechsel würde sich auch eine Möglichkeit für mich auftun, neue Freundschaften von der Pike an zu knüpfen. Da würde mein bisheriger Lebenswandel mit dem vielen Tennisspielen nicht förderlich wirken und ich würde schnell wieder das *Etikett* des Außenseiters verpasst bekommen. Die Mitschüler würden ihre Geburtstagsfeiern weiter ohne mich veranstalten. Wenn sie in ihrer Freizeit sich in Bädern oder an Seen tummelten, würde ich weiter nur alleine am Tennisplatz schwitzen. Das waren in meinen Ohren natürlich alles gute Argumente. Die Ohren meines Vaters aber dürften wohl etwas anderes vernommen haben. Er ging bei solchen Konfrontationen sofort immer in die Offensive, gemäß dem Leitspruch: „Angriff ist die beste Verteidigung." Meine Mutter wurde beschuldigt, mich in meinem sportlichen Wachstum behindern zu wollen, nur um die Kontrolle über mich zu haben. Er monierte, dass mein sportliches Engagement völig im Rahmen sei und zu seiner Zeit die Kinder doppelt so hart und lange hätten trainieren müssen. Außerdem wäre der Schritt einer Umkehr ohnedies nicht mehr möglich. Er hätte ja nicht zum Gaudium bereits tausende von Schillingen in diesen Sport und somit in mich investiert. Dies wäre alles für *A(rsch) und F(riedrich)* gewesen, wenn man jetzt unüberlegt handeln würde. Darüber hinaus würde sie mich der Möglichkeit berauben, meinem spielerischen Talent den notwendigen Schliff zu geben, um ein Profi zu werden. Auch das waren für mich wohlgemerkt ganz gute Argumente. Eben darin steckte aber auch das augenscheinliche Problem der nächsten Zeit. Jedwede solcher Diskussionen endete in einer vorweggenommenen Ausweglosigkeit, da meine Mutter und mein Vater sich mit ihren Argumenten gegenseitig neutralisierten. Beispiel gefällig?

> **Mutter:** Du und dein Sport. Nur weil du nichts anderes im Kopf hast muss der Junge noch lange nicht so werden, wie du es willst. Außerdem hat er keine Zeit mehr für etwas anderes.

> **Vater:** Warum soll er keine Zeit für etwas anderes haben? Er kann doch alles machen, was er will. Mit seinen Freunden in den Hof gehen, Fußballspielen, Skaten usw. Es verbietet ihm ja keiner etwas.

> **Mutter:** Das ist deine Interpretation. Ich sage, er kann das alles eben nicht machen, weil er ja unter der Woche in einem fort Tennis spielen muss und an den Wochenenden seine Turniere hat. Da bleibt keine Zeit. Das ist alles viel zu viel!

> **Vater:** Was heißt zu viel? Ich glaube, du verkennst die Situation ein wenig. Weshalb glaubst du denn, dass der Junge so oft Tennis spielt? Eben, weil ihn die anderen Kinder nicht interessieren und er lieber Tennis spielt, als Fußball. Es ist ein guter Ausgleich für ihn. Sport ist gesund. Ohne sportliche Perspektive wird er doch nur faul und bequem.

> **Mutter:** Du und dein Sport. Nur weil du nichts anderes im Kopf hast muss der Junge noch lange nicht so werden, wie du es willst. Außerdem hat er keine Zeit…

Ein unendlicher Zirkel, wenn man so will. Das Familiengefüge wurde bei solchen Disputen jedoch mehr und mehr brüchig. Sinnlose Diskussionen wie diese waren es, die den Aspekt eines harmonischen Familienlebens gegen den Nullpunkt fahren ließen. Ich

persönlich kann anmerken, dass ich zu dieser Zeit wohl die bitters-
ten Lektionen meines Lebens zu machen hatte. Nichts setzt Kindern mehr zu, als ein ewig drohendes Damoklesschwert über der
Familie. Ich wusste zwar damals noch nicht detailliert, welche Bedeutung der Begriff „Scheidung" hatte und ich wollte mir auch gar
nicht ausmalen, wie ein weiteres Leben ohne einen der beiden Elternteile sich ausgenommen hätte. Ich kannte jedoch sehr wohl
einige Kinder, welchen dieses Schicksal widerfahren war und
wusste dezidiert, dass sie unter dieser Situation litten. Dementsprechend traurig und verunsichert war ich auch, wenn mein Vater
oder meine Mutter wieder einmal wutentbrannt aus der Wohnung
flüchteten, um Abstand zum Gegenüber zu gewinnen. Kurzfristige
Erleichterung stellte sich erst ein, wenn ich wieder den Schlüssel
sich umdrehen hörte und der Zorn des ausgerissenen Elternteils
sich etwas gelegt hatte. In genau dieser Molltonart ging es die
nächste Zeit dann auch weiter. Die Stunden, die ich zu Hause verbrachte waren durchwoben von Schimpftiraden und gegenseitigen
Anfeindungen. Heißes Essen war zu kalt und kaltes Essen zu heiß.
Sportsendungen im Fernsehen seien das einzige, für das mein Vater Interesse aufbringe. Nörgeln und Dinge zu beanstanden sei es,
was meine Mutter könne. Und täglich grüßte das Murmeltier.

4.4 School's out for summer - das BRG Landwiedstraße

Da war es anfänglich auch nur ein schwacher Trost für mich, dass
bald mein Schulwechsel von der VS 21 in das Gymnasium Landwiedstraße anstand. Das war etwas Besonderes für mich. Ein
Gymnasium kannte ich bislang nur vom Hörensagen. Ich freute
mich insgeheim bereits auf diesen neuen Lebensabschnitt. Es war
aber eben infolge der Ereignisse in den eigenen vier Wänden eine
eher getrübte Freude. Doch Trübsal zu blasen lag schon damals

nicht in meinem Interesse, denn das Leben musste ja schließlich weitergehen. Und so verdrängte ich peu a peu die unliebsamen Konfrontationen zwischen meinen Eltern und richtete meinen Fokus ganz auf die neue Schule. Ich wollte unbedingt beweisen, dass ich zu Recht meine Schullaufbahn in einem Gymnasium fortsetzen sollte und gab mir redlich Mühe. Das gelang anfänglich auch sehr gut. Mein erstes Halbjahreszeugnis war abgesehen von einem „Befriedigend" in Musikerziehung eigentlich nur so gespickt von guten Noten. Gerade meine Mutter rechnete mir dieses strebsame Verhalten hoch an. Sie hatte mir damals bereits eingeimpft, dass vor dem Sport und all den Siegen dennoch die Schule an erste Stelle zu setzen sei. Gute Noten und mitnichten Turniertriumphe wären der Türöffner für so manch künftiges Berufsfeld. Für mich selbst war diese Denkweise zwar etwas irritierend, da mir ja seitens meines Vaters immer das Gefühl vermittelt wurde, ich würde ein Tennisstar werden. Da mein Notenerfolg aber zusehends die Situation zu Hause entschärfte und selbst meine Mutter (infolge der guten Zensuren) in Bezug auf das Tennis nun etwas entspannter reagierte, wollte ich unbedingt am sprichwörtlichen Ball bleiben.

Was jedoch auch nicht zu kurz kommen durfte war der Aufbau eines neuen Freundeskreises in der Schule. Hatte ich, wie bereits gesagt, den Anschluss an meine Mitschülerschaft in der Volksschule sukzessive verloren, musste sich dieser Umstand in der neuen Schule dringend ändern. Im strengsten Sinn war ich dazu verdammt, sogar auf drei Hochzeiten tanzen zu müssen. Erstens, sollte mein schulischer Erfolg weiter prolongiert werden. Zweitens, durfte ich dem Tennissport keine Absage erteilen. Und drittens, mussten intensivere, soziale Bande geknüpft werden, als dies in der vorigen Schule der Fall war. Was also tun, um diese Trias erfolgreich zu bewältigen? Es musste eine neue Strategie her und diese selbstgezimmerte Strategie hieß für den Anfang: Weiter gute Noten haben *und* sich in der Klasse beliebt machen! Ein fast nicht zu stemmendes Unterfangen. Der Widerspruch hüpft einem beinahe ins Gesicht. Aber egal. Ich dachte, ich könnte mich bei meinen neuen Mitschülern ja mit kleinen Nettigkeiten oder Hilfestellungen beim Stoff in Szene bringen. Ich musste schließlich *everybodies darling* werden. Sie sollten mich mögen, denn ich hatte ja drei Aufgaben zu bewältigen. Da ich jedoch sehr bald schon registrierte, dass dieser Eindruck, den ich schinden wollte nach hinten losging, musste ich etwas ändern. Mit Nettigkeiten war in dieser Klasse nicht viel zu holen. Jeder schaute einmal primär auf sich selbst. Man wollte in dieser Eingewöhnungsphase an die neue Schule seine Ruhe haben. Und was ich noch sehr bald herausfand war, dass gute Noten in dieser Klasse scheinbar verpönt waren. In dieser Klasse führten sich gute Noten beinahe selbst ad absurdum.

4.4.1 *Vom Lamm zum Wolf*

Keine guten Voraussetzungen, also was tun? Kurswechsel war angesagt. Anstatt den netten und guten Schüler zu markieren, schlug ich ab sofort die entgegengesetzte Richtung ein. Ich entwickelte mich zu dem, was man in Lehrer- und Psychologenkreisen gemeinhin als ADHS-Schüler attestieren könnte. Ich mutierte zu einem Frühpubertierenden, der seinem Treiben und Wirken im Klassenzimmer freien Lauf ließ. Ich redete während der Stunde unentwegt mit meinen Sitznachbarn, wenngleich diese gar keine Konversation mit mir wollten. Ich imitierte lautstark die Lehrer. Ich störte den Unterricht unentwegt mit lautem Schaukeln des Sessels und zeigte mich demonstrativ gelangweilt ob des vorgetragenen

Stoffs. Der Imagewechsel nahm erste Formen an. Auch in den Pausen wurde dieses Selbstbild von mir aufpoliert. Da kam es dann schon vor, dass ich wegen der einen oder anderen Dummheit mich vor meinem Klassenvorstand Mag. Josef E. zu verantworten hatte. Wer hatte seiner Mitschülerin Kaugummi in die Haare geklebt? Ich war's! Wer hatte seinen Sitznachbarn in den Kasten gesperrt? Ich war's! Wer hatte eine Schlacht mit Feuerlöschern in der Schulgarderobe angezettelt? Ich war's! Sie glauben gar nicht, wie eine Garderobe nach dem Versprühen des Inhalts von vier Feuerlöschern aussehen kann. Überall war Pulverstaub und die deponierten Sachen der anderen Schüler waren weiß wie Schnee. Doch auch der anschließende Rapport vor Professor E. hielt mich nicht davon ab, weiter den aufgedrehten Klassenclown zu markieren.

So kam dann auch, was kommen musste. Es hagelte bereits im zweiten Semester an dieser Schule massig Anrufe bei uns zu Hause. So mancher Lehrer ließ dabei seinem Unmut freien Lauf. Es wurde geschimpft und gewettert über mich, was das Zeug hielt. Der Geolehrer über meine Frechheit, die erogenen Zonen des Menschen als Klimazonen auszuweisen. Die Biolehrerin ob der Tatsache, dass ich für den Begriff „Penis" noch etwa acht weitere Namen kannte. Die Physiklehrerin ob meiner Ansicht, ich würde eine viel bessere Figur als Lehrer abgeben, als sie usw. Ich kann mich noch gut erinnern, als meine Eltern nach dem Elternsprechtag mit versteinerter Miene die Wohnungstür aufschlossen. Ein vorerst beklemmendes Schweigen wich dabei einem anschließenden Tobsuchtsanfall meines Vaters: „Bist du wirklich so gestört oder stellst dich nur so? Nein, du bist so gestört, du dummer Bub. Aber eines sag ich dir, so lange du in meiner Wohnung wohnst tust du das, was ich sage. Sonst setzt es was!" Doch selbst solche Drohtiraden meines Vaters hielten mich in meinen Aktivitäten immer nur kurzfristig auf. Langfristig hatte ich meinen Plan geschmiedet und genauso wurde er auch durchgezogen. Konsequenzen hin oder her. Und ich hatte auf lange Sicht sogar Erfolg mit meinem neuen Image. Zumindest kam mir das in den weiteren beiden Schuljahren so vor. Plötzlich ein Kopfnicken hier, eine Begrüßung da, ein cooler Spruch dort. Ich war im Geschäft. Es war ein gutes Gefühl, ein Gefühl des persönlichen Triumphs. Zwar kannte ich das Gefühl des Gewinnens bereits vom Tennis spielen her, doch es war nicht annähernd zu vergleichen mit diesen Momenten des sozialen Triumphs. Ich bin mir fast sicher, dass ich zu dieser Zeit gedacht haben muss, dass ich es geschafft hätte. Ich gewann den Eindruck, dass Sport und Freundschaft sich sehr wohl unter einen Hut bringen ließen. Was natürlich darunter leiden musste waren eben die Noten. Es setzte mehr und mehr negative Beurteilungen und Frühwarnungen in vielen Gegenständen, die man so hatte. Mathe, Deutsch, Englisch und Geschichte – die Zeichen standen überall auf Sturm. Selbst meine Werklehrerin zitierte meinen Vater zweimal in die Sprechstunde, um ihm von meinen Frechheiten und meiner Faulheit zu berichten. Kurz, es war ein schulischer Absturz an allen Ecken und Enden zu verzeichnen. Was aber diesen Umstand für mich locker aufwog war mein Stellenwert, den ich in der Klasse per se erlangt hatte. Ich war der, der sich was traute, die Lehrer bloß stellte und schlechte Noten hatte. Ich war der Einäugige unter den Blinden. So dachte ich zumindest, dass man mich wahrnahm.[47]

---

[47]Dass *ich* es war, der eigentlich den Blinden unter den Einäugigen markierte und der seine vorgeformte Rolle einnahm, war mir damals nur bedingt bewusst. Es

Natürlich wirkte sich mein schulisches Verhalten auch auf das familiäre Verhalten zu Hause aus. Ich war zwar nach wie vor bemüht den Haussegen halbwegs zu wahren, aber nicht mehr um jeden Preis. Das hatte ich mir abgewöhnt. Wenn nun Streitereien aufkeimten, dann nicht mehr zwischen meinen Eltern untereinander, sondern nur noch *mit mir*. Ich schaltete einen Gang nach oben. Sich von den Eltern etwas sagen zu lassen war zu dieser Zeit ohnehin nicht mehr en vogue. Mein Vater fuchtelte wie wild mit bezahlten Erlagscheinen vom Tennis vor meinem Gesicht herum. Es war mir egal. Er schrie, dass er bereits einen Kleinwagen in meine Karriere investiert hätte. Es war mir egal. Meine Mutter schimpfte, dass ich ihr nur Sorgen bereiten würde. Es war mir egal. Und sie begann das eine oder andere Mal zu weinen. Es zerriss mich fast, doch es hatte mir egal zu sein. Tränen und Trost passten nicht in mein Konzept. Ich musste mein Auftreten festigen.

Auch mein damaliger Tennislehrer Hermann F. bekam dies gleich zu spüren. Als ich mich unter ihm für die damaligen Staatsmeisterschaften in Innsbruck qualifizierte, legte ich mich dort schon ein-

---

war eine verzwickte Situation. Wie auf einer Party, bei der die Anwesenden nur darauf warten, dass endlich der Stimmungsmacher die Szene betritt und alle unterhält. Er ist zuständig für das Gelächter das ausbrechen soll, wenn er auf der Tanzfläche abgeht. Natürlich völlig unbeholfen und permanent neben dem Beat. Seinetwegen soll man sich krumm und schief lachen, wenn er absichtlich vom Sprungbrett die Drinks in den Pool kippt. Er ist für das Rahmenprogramm zuständig, dem man sich widmet, wenn man sich gerade etwas zu langweilen beginnt. Doch wehe, wenn der Stimmungsmacher einmal nicht so gut d´rauf ist und seinem Ruf nicht gerecht werden kann. Dann wird er ganz schnell links liegen gelassen und steht alleine da. Wenn er über mehr, als über die Anzahl der Biere, die er sich bereits hinter die Binden gekippt hat oder die derben Anmachsprüche kommunizieren möchte, dann findet sich niemand für diese Gespräche. Das wird auch nicht von ihm erwartet. Über eigene Gefühle, eigene Erwartungen und Träume reden zu können, steht nicht auf der Agenda des Partyclowns. That's it.

mal ordentlich quer. Mir missfiel, dass wir keine Zeit für uns hätten und ich tat das auch kund. Mein Fehler: Ich beschwerte mich lautstark vor gefühlt 100 Leuten. Das Ergebnis: Mein Trainer ließ mich im Innsbrucker Wienerwald vor eben diesen 100 Restaurantbesuchern Liegestütze machen und zählte dabei lautstark mit: „ 1 und 2 und 3 und 2 und 3 und 4 und 5 und 4…" Ich war in meiner Ehre so gekränkt, dass ich am nächsten Tag die erste, von zwei Partien, gleich absichtlich vergeigte. Nur um ihm zu zeigen, was ich von ihm hielt. „Nicht nur Autoritätspersonen sitzen auf langen Ästen", muss ich damals gedacht haben, „meiner ist ebenso lang."[48] Dafür pfiff ich sogar auf den sportlichen Triumph. Ich war schließlich der *Bad Boy and a Bad Boy doesn't give a fuck!* So meine Einstellung zu dieser Zeit.

4.5 Die soziologische Perspektive – Labeling Approach

Und eben diesen Status des Außenseiters möchte ich an dieser Stelle als vierten neuralgischen Punkt festhalten. Zwar ist er zeitlich etwas schwer einzugrenzen, da es sich beim Erarbeiten eines Status notwendig um einen Prozess handelt, doch der Einfachheit halber will ich die vierte und vorletzte Klasse im Gymnasium Landwiedstraße, als Verortung des Punktes wählen. Dieser Punkt kennzeichnet auch die Zeit, in der ich erstmals mit einer Zigarette in Berührung kam. Meine erste Erfahrung mit Tabakrauch in meinem Mund. Zu dieser Zeit manifestierte sich eine bewusste Lebensstrategie von mir, als Antwort auf die zu optimierende Situation in der Schule und zu Hause. Inwieweit diese Neuausrichtung meines Verhaltens, meiner „neuen" Art, nun auch meinen Tabakkonsum beeinflusst haben könnte, möchte ich folgend mit einer soziologi-

---

[48]Beabsichtigte Doppeldeutigkeit ☺

schen Theorie zu ergründen versuchen. Es handelt sich dabei um den sogenannten Etikettierungsansatz (Labeling Approach). Diese Theorie scheint bestens geeignet, um als Missing Link zu fungieren und die Lücke zwischen Außenseiter und Nikotinkonsum füllen zu können.

Die Soziologie, als Wissenschaft setzt sich ganz grundlegend mit dem Menschen per se auseinander. Sie darf deshalb als moderne Entwicklung der philosophischen Anthropologie gesehen werden. Die Soziologie baut auf den anthropologischen Erkenntnissen auf und erforscht theoretisch und auch empirisch das Verhalten des Menschen in seinem Zusammenleben. Voraussetzungen, Abläufe und Folgen dieses Zusammenlebens sind Gegenstände dieser Untersuchungen. Wie verhalte ich mich einer Autoritätsperson gegenüber? Wie beeinflusst ihr Verhalten das meine, vor allem dann, wenn ich ihr etwas verweigere und wie verhalte ich mich zu den Konsequenzen? Dies alles impliziert bereits, dass es im menschlichen Zusammenleben auch Faktoren geben muss, die solch ein Zusammenleben erschweren. Ich kann mich auch gegen die Gesellschaft richten und einem geruhsamen Lebensstil eine klare Absage erteilen. Bestehende Gesellschaftsstrukturen und Normen müssen so nicht anerkannt werden. Man distanziert sich von ihnen. Ein Bruch mit den Werten und (Be-)Wertungen des Umfelds entsteht. *„Auseinanderleben statt Zusammenleben"*, so die Devise. Man verhält sich in den Augen der breiten Masse als Außenseiter. Als einer, der sich nicht fügen will. Und das wird bestraft. Die Sanktion besteht in der Brandmarkung und im schlimmsten Fall sogar in der körperlichen Gewalt gegen eine Person. Nun versuchen soziologische Theorien weiter zu erklären, wie solche Einflüsse von außen auch den allgemeinen Rahmen für Suchtverhalten vorgeben können.

Aus soziologischer Sicht können gesellschaftliche Werte wie Wettbewerb und hohe Leistung zu Druck und Wertebrüchen führen. Genau solche Werte (Leistung, Konzentration, Disziplin, Respekt, usw.) stellen hohe Risiken für den Menschen dar, ein Abhängigkeitsverhalten (verhaltensbezogen/stoffbezogen) zu entwickeln. Man kommt mit den massiven Anforderungen an die eigene Person nicht klar und begegnet dieser Tatsache mit dem Konsum von Substanzen. Auch die familiären Bedingungen können enormen Einfluss nehmen. Die Soziologie spricht etwa von einem „rigiden und autoritären Erziehungsstil", der das Risiko einer Suchterkrankung in jungen Jahren bereits forciert. Und natürlich – so die Soziologen – dürfe man auch den sogenannten *Peer Group Effekt* nicht außer Acht lassen. Der erste Konsum einer „verbotenen" Substanz vollziehe sich nämlich in der Regel nicht isoliert, sondern innerhalb einer Gruppe von Gleichgesinnten.

Eine, dieser Theorien nun, die das größte Potenzial hat meine Abhängigkeit und den soziologischen Rahmen zu verbinden, ist die „Labeling Approach Theorie". Sie baut auf den soziologischen Ansätzen auf, die eine hohe Korrelation zwischen prägendem Verhalten und Sucht postulieren. Dabei geht der Labeling Approach Ansatz aber einen Schritt weiter. Er lässt das private Umfeld, als primäre Erklärung der Sucht bereits hinter sich und konzentriert sich vielmehr auf die Bedeutung von Interaktionen und der sozialen Kontrolle innerhalb dieses Umfeldes. Mit diesem Schritt geht einher, dass die Vorstellung aufgegeben werden muss, soziale Probleme oder Konflikte seien eine Art Zustand. Vielmehr gilt nun die Auffassung, dass sie eine Art Aktivität sind. Diese Aktivitäten sind laut Vertretern des Etikettierungsansatzes, wie etwa Howard S.

BECKER, aber vorerst eigentlich sinn- und wertfrei.[49] Sie haben, als separierte Handlung betrachtet noch einen Interpretationsbedarf. Es sind zwar alles aktive Handlungen, die wir zeit- und ortsgebunden setzen, doch erst mit der Beurteilung durch andere (Gesellschaft, Eltern,...) wird diesen von uns gesetzten Handlungen auch Sinn verliehen. Wenn ich beispielsweise als Schüler eine sprachliche Handlung setze und die Lehrkraft in der Klasse mit dem Satz: „Es ist mir scheißegal, ob sie mir eine Betragensnote geben", konfrontiere, dann hängt es in erster Linie von der Bewertung und der Beurteilung dieser Aussage durch diese Lehrkraft ab, inwieweit meine Aussage nun „normal" ist oder von den gesellschaftlichen Normen abweicht. Was normal ist, wird dabei wiederum über die Gesellschaft definiert. Das, was wir in der alltäglichen Welt als normal geordnete Verhältnisse wahrnehmen und akzeptieren, ist nichts anderes, als das Resultat eines sozialen Definitionsprozesses:

> *„Spezifische Gruppen von Menschen (...) suchen*
> *- in der Bemühung zu überleben und Bedürfnisse*
> *zu befriedigen - in ihrem Handeln und Denken ei-*
> *nen über diese Bemühungen hinausgehenden Sinn*
> *und verleihen ihm somit einen Sinn. "*[50]

---

[49]Howard Saul Becker (* 18. April 1928 in Chicago, Illinois) ist ein amerikanischer Soziologe der sogenannten Chicagoer Schule. Er gilt als führender Protagonist der Devianz- und Kriminalsoziologie. Aus seinem soziologischen Denken heraus resultierten seine bekanntesten Schriften, „Outsiders" und „Art Worlds". Darin hinterfragt Becker gängige, soziologische Konzepte und entwickelt als Gegenpol zu diesen Konzepten seine Devianz-Theorie des Menschen. (Vgl. Danko D.: *Zur Aktualität von Howard S. Becker. Einleitung in sein Werk.* 2011, Springer VS, Wiesbaden, S. 9.)
[50]Zit. Becker H., *Außenseiter – Zur Soziologie abweichenden Verhaltens.* 1973, Frankfurt am Main

Daraus ergibt sich im Umkehrschluss, dass jedes Verhalten, das dieser Definition widerspricht, als deviant angesehen werden darf. Es trägt ein Stück weit zur permanenten Prägung des Etiketts bzw. des individuellen Labels bei. Die Etikettierung wird demnach aktiv herbeigeführt. Soweit, so gut. Was sich bisher also laut Labeling Approach Ansatz festhalten lässt ist, dass ein non-konformes und deviantes Verhalten eine dementsprechende, gesellschaftliche Eigenschaftszuschreibung, eine Abstempelung der anderen in letzter Konsequenz nach sich zieht. Ich setze vorerst *eine* non-konforme Handlung, dann setze ich in weiterer Folge *einige* solcher Handlungen, dann *prolongiere* ich diese non-konformen Handlungen und bekomme schließlich die Rechnung dafür in Form einer negativen Bewertung von der Gesellschaft präsentiert. Diese externen Zuschreibungen werden irgendwann stabil. Es entwickelt sich sozusagen ein Bild eines Menschen, an dem schlussendlich keine etwaigen Korrekturen von außen mehr wahrgenommen werden. Dieses Bild stellt sich für den Betrachter als qualitativ gleichbleibend dar. Es ist wie in Stein gemeißelt.

4.5.1 Das Devianzmodell von Howard Becker

„Wie man sich bettet, so liegt man dann auch", sagt dahingehend das zutreffende Sprichwort. Wie aber nun kann man die Brücke schlagen zwischen Devianz und Sucht? Wie lässt sich eine Bestätigung des Zusammenhanges von abnormalem Verhalten und der Tendenz, ein Nikotinverlangen zu entwickeln erbringen? Dafür liefert nun das Devianzmodell von Howard Becker einen ersten Zugang. Becker gliedert abweichendes Verhalten in drei Stufen, die prozesshaft aufeinander aufbauen. Er kommt zu dem Resultat, dass eine abweichende Laufbahn eines Menschen sich ursprünglich in 1) Sozialer Konformität manifestiert, ehe sich Devianz fortschreitend über die 2) Primäre Devianz, hin zur 3) Sekundären Devianz steigert. Man könnte diesen Prozess in etwa mit einer Verkehrsampel vergleichen: Das grüne Licht steht analog zur Sozialen Konformität, während das Umspringen auf das orange Licht bereits auf einen Gefahrenzustand verweist (Primäre Devianz). Das Rotlicht schließlich darf als die manifeste Abweichung des Verhaltens zur Norm gedeutet werden (Sekundäre Devianz).

Soziale Konformität: Becker veranschlagt, dass auf Stufe 1 seines Devianzmodells der Mensch nur latent veranlagt ist, die Normenkonformität mit der Gesellschaft zu brechen. Im Normalfall hat ein Mensch auf dieser ersten Ebene keine triftigen Gründe, den sozialen Gleichklang zu unterbrechen. Das liegt an der, im Laufe des Sozialisationsprozesses sich ständig verstärkenden, sozialen Bindung. Der Mensch hat gelernt, dass das gesellschaftliche Ordnungsgefüge, in das er integriert ist, nur dann funktioniert, wenn sozusagen „alle am gleichen Strang ziehen". Ich scheiß´ dich nicht an, du scheißt mich nicht an! Auch wenn viele Menschen in der Fantasie oft den Impuls zu abweichenden Handlungen verspüren, so können sie diese Impulse in der Realität zurückdrängen. Sie müssen lediglich an die vielfältigen (Negativ-) Konsequenzen denken, die ein tatsächliches Abweichen mit sich bringen würde. Diese Menschen sind sich eo ipso der Bewertung eines potenziell nonkonformen Verhaltens durch die Gesellschaft bewusst und versuchen demnach, negative Sozialsanktionen jeglicher Art zu vermeiden. Sie sind das, was man nach Becker als Gesellschaftsmensch bezeichnen könnte.[51] Bezogen auf mich in jungen Jahren würde das

---

[51]Bereits *Solomon ASCH*, ein polnisch-amerikanischer Sozialpsychologe, führte 1951 ein bahnbrechendes Experiment zum Konformitätsdenken des Menschen

bedeuten, dass ich anfänglich noch ein sozialisierter und angepasster Mensch war. Zwar habe ich durchaus in meinen Imaginationen und Tagträumen so manchen Lehrer zur Weißglut gebracht. Ich hätte diese Vorstellungen jedoch niemals in die Realität umgesetzt, da ansonsten autoritäre Strafen (Nachsitzen, negative Verhaltensnoten,…) auf den Fuß gefolgt wären. Doch welche Faktoren müssen nun gegeben sein, um die nächste Ebene in Beckers Devianzmodell zu erreichen? Wie kann man sich erklären, dass ich als ursprünglich angepasster Schüler plötzlich dazu neige, meine Passung aufzugeben und mich zum asozialen Sonderling des Gymnasiums entwickle?

Primäre Devianz: „Nur tote Fische schwimmen mit dem Strom, also beginne zu leben", lautet ein alter, indischer Aphorismus.

---

durch und erlangte mit dem Resultat die Anerkennung der wissenschaftlichen Psychologie. Asch konnte etwa mit seinem sogenannten Linientest zeigen, dass der Mensch zu einem hohen Grad nach Konformität strebt. Er präsentierte unter dem Vorwand eines psychologischen Tests zur visuellen Wahrnehmung, mehreren Versuchspersonen gezeichnete Linien. Dabei gab es eine Ausgangslinie (Referenzlinie) und drei andere Linien, die mit der Ausgangslinie verglichen werden sollten. Die in das Experiment eingeweihten Versuchspersonen wurden nun von Asch instruiert, einstimmig falsche Antworten zu den Längen der drei Linien hinsichtlich der Referenzlinie zu geben. Nur eine Person war nicht eingeweiht worden. Es wurde nun von Asch untersucht, wie diese eine Person sich verhält, d.h. ob sie ihrem Sinneseindruck entsprechend richtig bzgl. der Linienlänge antwortet oder sich den falschen Meinungen der anderen Versuchspersonen anschließt, weil sie einem Gruppendruck unterliegt. Das Ergebnis war, dass jede dritte, unwissende Versuchsperson sich von den falschen Aussagen ihrer Gruppe beeinflussen ließ und deren falsches Urteil übernahm. Asch zeigte somit, dass der Einfluss der Gesellschaft auf den Einzelnen sehr groß ist. Unter bestimmten Umständen stimmen wir mit einem Gruppenurteil überein, selbst wenn dieses ganz offensichtlich falsch ist. Wir verhalten uns also konform, weil wir vermeiden wollen, zurückgewiesen und nicht anerkannt zu werden. (Vgl. Rettenwender E., *Psychologie* , Veritas Verlag 2016, S.169)

Eben solch ein unkonventionelles Verhalten, solch ein entstehendes Beschreiten eines Außenseiterweges, steht für Becker als Grundstein der primären Devianz. Alte Gemeinschaftspfade werden verlassen, um fortan auf ganz autarken Wegen in komplett andere Richtungen weiter zu gehen. Gegen den Strom, eben. Bezogen auf die Entstehung eines solch abweichenden Verhaltens differenziert Becker aber zunächst zwischen einer Art absichtlichen und einer Art unabsichtlichen Nonkonformität.

Bei unabsichtlicher Nonkonformität ist die Erklärung, weshalb die Abweichung vollzogen wurde, relativ einfach zu beantworten: Der Regelverstoß wurde unabsichtlich und ohne Kenntnis einer entsprechenden Norm begangen. Die Existenz der Gesellschaftsregel war schlicht nicht bekannt. Wenn Sie beispielsweise in unseren Breiten im Restaurant dinieren und den Teller leeressen, dann signalisiert das im weitesten Sinne, dass Ihnen das Essen geschmeckt hat. Wenn Sie aber in China essen gehen und den Teller bis zum letzten Krümel leer schaufeln, dann wird Ihnen der Koch nicht gerade wohl gesonnen sein und sich in seiner Ehre gekränkt fühlen. Ihr leerer Teller bedeutet, dass er nicht genug für sie gekocht hat. Es signalisiert in diesem Fall, dass Sie immer noch hungrig sind. Sie haben somit aus kultureller Unwissenheit dieser Norm den Fehler begangen, sich abweichend zu verhalten. Es würden sich an dieser Stelle wahrscheinlich noch unzählige weitere Beispiele aufzählen lassen.

Doch diese Art der unabsichtlichen Verfehlung ist in Bezug auf meine Situation irrelevant. Mein Verhalten war sehr wohl durchdacht und wandelte sich unter völliger Kenntnis des gängigen, sozialen Regelcodex. Man ist sich mit einem Schlag der Tatsache bewusst geworden, dass die bestehenden Strukturen aufgebrochen werden müssen. Man will die Grenzen ausloten und sie immer weiter verschieben. Nicht aus Boshaftigkeit oder Hass. Vielmehr aus Neugier auf die Reaktionen von außen und der gesuchten Prise Schauer vor noch gänzlich ungekannten Situationen. Man möchte die Autoritäten testen und introspektiv dabei sein eigenes „Ich" entdecken. Und eben diese zweite Art, diese absichtliche Nonkonformität, wie Becker es nennt ist es, die mich während der gesamten Gymnasialzeit geprägt hat. Die *Mittelfinger-Hoch-Zeit*, wie ich sie nenne. Denn irgendwann beginnt die Feindseligkeit, die einem beim Ausloten dieser Grenzen begegnet an zu wirken. Man bemerkt, dass man mit seinem devianten Verhalten auf wenig, bis gar keine Gegenliebe stößt. Man bekommt Strafaufgaben auf, man muss in der Ecke oder vor dem Klassenraum stehen und später alles Versäumte nachschreiben. Vermerke in das Klassenbuch werden getätigt, die Eltern werden zum wiederholten Male in die Schule beordert und so weiter. Man kennt diese Prozedere ja. Was jedoch bei all diesem Ablauf sich anhäuft, ist eine immer größer werdende Portion Abwehrkraft. Resilienz baut sich auf, um dem Sturm gegen die eigene Person Stand halten zu können. Man generiert mit jeder devianten Handlung und der folgenden Strafe ein Stück weit mehr seinen schützenden Panzer und wappnet sich.

„Was einen nicht umbringt, macht einen härter", sagte schon Nietzsche und exakt diesen Prozess, dieses Stadium habe ich zu dieser Zeit durchlaufen. Und damit nähern wir uns auch langsam der letzten Phase von Becker an. Man hat bereits begriffen, dass man den aufgepressten Stempel nicht mehr abwaschen kann. Man weiß, dass egal was man tut, man doch immer im Lichte des Revoluzzers und des hirnlosen Clowns betrachtet wird. Nennen Sie es ruhig auch eine resignierende Haltung, aber irgendwann ergibt man sich seinem Schicksal. Es wird sogar noch eine zusätzliche Schippe draufgelegt, frei nach dem Motto: „Ist der Ruf einmal ruiniert, lebt es sich gänzlich ungeniert." Man erfüllt seine Rolle da man begriffen hat, dass man ihr ohnedies nicht entfliehen kann. „Jetzt so richtig und ohne Rücksicht auf Verluste", so das Credo der Querulanz. Und da liegt natürlich auch der Tatbestand nicht ferne, dass man irgendwann sein deviantes Verhalten bereits soweit gesteigert hat, dass nach oben hin nur noch wenig Platz ist. Die Lehrer wurden bereits genügend ausgetestet, man hat sich gegenüber den Mitschülern in so manchen Auseinandersetzungen bewiesen und sich auch zu Hause plötzlich nicht mehr so handzahm gegeben, wie bisher. Nun ist es an der Zeit für eine neue Herausforderung. Das nächste Level muss erreicht werden, die nächste Grenze gehört überschritten. Doch wo lag diese Grenze überhaupt, wie sollte diese nächste Stufe überhaupt aussehen? Sollte ich meine Haut ritzen, wie viele meiner damaligen Mitschüler es taten? Sollte ich erstmalig Alkohol konsumieren? Sollte ich andere Schüler verprügeln? Ich brauchte einen Masterplan, wie ich meiner Etikettierung gerecht werden sollte. Es machte für mich sowieso keinen Sinn mehr gegen die Stigmatisierungen anzukämpfen.

Wie das Schicksal es scheinbar wollte, wurde mir diese Planungsentscheidung jedoch recht schnell abgenommen. Die nächste Stufe sollte schließlich in den ersten Zügen an einer Zigarette münden. Ich wusste, dass die Oberstufenschüler sich in beinahe allen Pausen am damals mysteriösen Raucherplatz trafen und dort etwas ganz Männliches machten – sie rauchten Zigaretten. Der Platz war insofern mysteriös und dunkel für mich, als dass er einen Ort darstellte, der für mich in meinem Alter eigentlich noch tabu war. Hier trafen sich nur die Älteren. Diejenigen, die bereits einen handfesten Alkoholrausch hinter sich hatten. Jene, die bis zwei Uhr in der Früh in der Linzer Altstadt feierten. Jungs, die bereits Geld hatten mit dem Taxi zu fahren und die auch immer Zigaretten bei der Hand hatten. Da lag es nur nahe, dass auch ich eines Tages auf ein kleines Stelldichein in dieser illustren Runde vorbeischaute. Vorerst natürlich nur, um erste generelle Kontakte zu knüpfen. Es wurde sich ausgetauscht über dieses und jenes, über Schule und Privates, über arrogante Lehrkräfte und attraktive Schülerinnen. Und je länger und tiefer ich in diese Gespräche eintauchte, desto mehr erkannte ich, dass auch diese Jungs bereits einen Stempel aufgedrückt bekommen hatten. Auch sie fielen in der Schule nicht gerade durch verhaltensbezogene Glanzleistungen auf. Sie waren ebenfalls immer an der Grenze zu disziplinären Verwarnungen und massiven Standpauken. Auch sie hatten den Status der Aufrührer innerhalb des Klassenverbandes gepachtet und auch ihnen war eine ähnliche Privatlaufbahn beschienen, wie mir.[52] Der Eine war zum Handball von seinen Eltern verdonnert worden und hatte

---

[52]Diese Anziehung, die der Raucherplatz damals auf mich ausübte könnte ein Stück weit mit dem sogenannten lerntheoretischen Modell der Kognitionspsychologie von *B.F. SKINNER* erklärt werden. Dieses Modell besagt, dass Sucht bzw. Abhängigkeit letztlich als erlerntes Verhalten am Erfolg passiert. Ein Beispiel für solch ein Lernen am Erfolg wäre, wenn eine statusniedrigere Person durch den Konsum von Nikotin mit anderen statushöheren Personen, die ebenso rauchen leichter in Kontakt kommt, als dies ohne diese Gemeinsamkeit der Fall wäre und die Person dies alles als Bereicherung erlebt. Damit kann die Tendenz entstehen bald wieder Orte aufzusuchen, wo geraucht wird und wo man die Möglichkeit hat, sich mit „Seinesgleichen" auszutauschen. Selbst das Anbieten einer Zigarette oder auch das Annehmen einer Zigarette, ist dabei als Bereicherung zu nennen, denn mit einer solchen Geste wird nicht nur das sprichwörtliche Eis gebrochen, sondern es entsteht auch eine gewisse Art von Sozialität – und diese wird eben als persönliche Bereicherung wahrgenommen.
(Vgl. Rettenwender E., *Psychologie*. 2016, Veritas Verlag Linz)

(wie auch ich) dreimal in der Woche Training. Ein Anderer sollte auf Drängen seines Vaters Saxofon spielen lernen, zwei Mal zwei Stunden Unterricht wöchentlich. Der Nächste hatte den Sport überhaupt schon aufgegeben und hing in seiner Freizeit lieber mit seinen Freunden in Jugendclubs ab. Mit anderen Worten, es taten sich viele Ähnlichkeiten auf unter den jeweiligen Charakteren hier am Raucherhof. Da war es nur recht und billig, dass auch ich mich fortan als einer von ihnen fühlen wollte. Und so muss es nach dem vierten oder fünften Abstecher gewesen sein, dass ich den großen Tabubruch beging. Ich zog das erste Mal in meinem Leben an einer Zigarette an. Erstmalig hatte ich den Geschmack von Tabakrauch und Nikotin in meinem Mund. Und dabei blieb es vorerst auch. Es war ja nicht so, dass mir diese Zigarette schmeckte oder ich besondere Lust am Rauchen empfand. Nein, es ging vielmehr darum, die Grenze überschritten und sein Etikett verfestigt zu haben.

Und mit diesem Anziehen an einer verbotenen Substanz war dieser Schritt für mich getan. Ich habe die nächste Norm mit voller Absicht gebrochen und hier befinden wir uns auch bereits direkt in der von Becker postulierten Sekundären Devianz – der Rotphase der Ampel. Es ist ein bewusstes Übertreten der Normen infolge einer zu erfüllenden Zuschreibung seitens der Gesellschaft, wenn man so will. Man kann gar nicht mehr anders. Während die primäre Devianz noch weitgehend im Entscheidungsbereich des jeweiligen Menschen liegt, so äußert sich die sekundäre Devianz schon durch einen Prozess der Zuschreibung von außen.

> *„Einer der entscheidenden Schritte im Prozess der höchsten Ausbildung devianten Verhaltens ist wahrscheinlich die Erfahrung, verhaftet und öffentlich als Mensch mit abweichendem Verhalten abgestempelt*

worden zu sein. Das deviante Verhalten wird evident und es ergibt sich ein drastischer Wandel in der öffentlichen Identität eines Individuums. Hieraus ergeben sich zwei Konsequenzen, zum einen in Bezug auf das weitere gesellschaftliche Leben und zum anderen auf das generelle Selbstverständnis eines Individuums"[53]

Nun, was mein Selbstverständnis anging so muss ich sagen, dass ich nach dieser ersten Zigarette ein unglaublich schlechtes Gewissen meinen Eltern gegenüber hatte. Ich verschwieg ihnen natürlich dieses Ereignis. Sie wissen sicher noch, dass meine Mutter sich das Rauchen ja *für mich* aufgehört hatte. Und mein Vater tat dies ebenso ganz selbstlos *für mich*, als ich etwa zehn Lenze zählte. Da war es nur angemessen, dass ich als angehender Tennissuperstar erst recht niemals eine Zigarette in den Mund nehmen durfte. Für mich persönlich jedoch, hatte ich einen weiteren Triumph zu verbuchen: „Super Ingo has reached the next level." Es fühlte sich an, als stünde ich eine ganze Stufe höher, als meine gleichaltrigen Mitschüler. Ich inhalierte mit diesen ersten Zügen an der Zigarette auch eine gehörige Portion an Selbstvertrauen mit. Meinem Vater eröffnete ich sogar, dass er sich meine Karriere als Tennissuperstar sonst wohin stecken könnte. Es interessierte mich nicht mehr, diese *gelbe Scheißkugel* über ein Netz zu dreschen. Ich hatte die Schnauze voll. Ich wollte das Leben erleben und an den Nachmittagen mit Freunden abhängen. Ich wollte mit Vespas fahren und New Balance Schuhe tragen. Ich wollte Bad Religion hören und Playboy Hefte lesen. Das wollte ich alles.

---

[53]Zit. nach Kühnle A./Ertl A. in: *Probleme der Kriminalpsychologie*. 1998, Berlin.

Und ich tat es auch. Ich verweigerte fortan kategorisch das Tennistraining und während mein Vater deswegen fast durchdrehte, war ich schon auf und davon mit meinen New Balance. Die neue Freiheit wartete auf mich da draußen. Im Flow zu sein, sich erhaben zu fühlen und sein Etikett zu pflegen, das war der Deal! Und dieser „New Deal" wurde in die Tat umgesetzt. Natürlich nicht, ohne auch ein zweites und drittes Mal die Zigarette als Behelf zu verwenden. Diese Male schnorrte ich sie mir von Andi H., einem Freund aus dem Viertel. *Lucky Strike*, wenn ich mich recht entsinne und ebenso „lucky" fühlte ich mich auch dabei. Nicht, weil der Geschmack bei diesen Malen besser gewesen wäre. Es schmeckte immer noch, als hätte man beim Grillen fälschlicherweise die Kohle, statt dem Steak im Mund. Nein, es lag am Gefühl der Überlegenheit. Es war *das Kosten der verbotenen Frucht*, das geheime Auflehnen gegen den Vater und gegen die ganze Welt und das „Sich üben" in Furchtlosigkeit. Der deutsche Sozialwissenschaftler Klaus HURRELMANN beschreibt dies in seinen soziologischen Forschungsarbeiten etwa so:

> „Beim „Devianzkonzept" wird Suchtmittelkonsum als eine Strategie interpretiert, mit der Kinder und Jugendliche entwicklungsbedingte Belastungen zu bewältigen versuchen, und übernimmt somit wichtige Funktionen bei der Bewältigung altersspezifischer Entwicklungsaufgaben. [54]
> Suchtmittelkonsum kann dabei unterschiedliche Aufgaben erfüllen, die bewusste Provokation gegen gesellschaftliche Normen und Werte(auch Wertsetzungen); die demonstrative Vorwegnahme des Erwachsenenverhaltens; die Suche nach grenzüberschreitenden Erfahrungen; die Bewältigung von psychi-

---

[54]Vgl. Engel U., Hurrelmann K.: *Psychosoziale Belastung im Jugendalter*. Verlag De Gruyter, 1989.

schen Problemen in eigener Regie usw. [55] *Innerhalb dieser
Theorie wird der Konsum von Suchtmitteln als eine „spezifische, problematische Form der Lebensbewältigung' interpretiert" problematisch deshalb, weil das Verhalten immer das
Risiko der Entwicklung von Sucht in sich birgt.* [56] *Dem Konsum
von Suchtmitteln kann aus der Sicht der Jugendlichen „subjektive Vernunft" zugeschrieben werden, indem er als Zeichen der
Bereitschaft zum Erwachsenwerden angesehen wird In diesem
Sinne muß insbesondere der Konsum von legalen Drogen wie
Tabak und Alkohol als Bestandteil der Entwicklungsaufgaben
von Kindern und Jugendlichen aufgefaßt werden.* [57]

So in etwa sieht die soziologische Sachlage aus. Auch meine eigene.
Die Gründe dafür wurden erwähnt. In meinem Fall hat es mit dem
Beginn meiner sportlichen Laufbahn und der zeitgleichen Vernachlässigung des sozialen Umfeldes begonnen. Sport im Übermaß bedeutet Freundschaft in keinem Maß. Die Zeit fehlt einfach und man
holt sie nicht mehr auf, solange man in diesem Hamsterrad gefan-
gen ist. Dann aber weicht die Konformität mehr und mehr einem
ersten Auflehnen und Hinterfragen. Gründe werden von den Ver-
antwortlichen verlangt, weshalb sie eigentlich zu wissen meinen,
was man selber will. Erster Unmut macht sich breit. Zweifel an der
Richtigkeit der Entscheidung, sich dem Sport zu verschreiben –
eigentlich Vaters Traum – werden immer lauter. Und letztlich
schaukelt sich alles hoch und gipfelt in der bewussten Missachtung
von Normen und Regeln.

---

[55]Zit. Hurrelmann K., Bründel H.: *Drogengebrauch – Drogenmissbrauch.* Primus
Verlag, Darmstadt, 1997, S.44.
[56]Zit. nach Hurrelmann K.: *Lebensphase Jugend. Eine Einführung in die sozialwissenschaftliche Jugendforschung.* Weinheim/München. Juventa. 1994, S. 210
[57]Vgl. Engel U., Hurrelmann K.: *Was Jugendliche wagen.* Weinheim/München,
Juventa. 1994

5 Fünfter neuralgischer Punkt –
„The point of no return"

L eider wurde von Hurrelmann ebenso erwähnt, dass diese Art der jugendlichen Lebensbewältigung auch das Risiko der letztlichen Entwicklung von Sucht in sich birgt. Vom erstmaligen Probieren einer Substanz hin zur schleichenden Gewohnheit. Bis zu der Erkenntnis, dass man ohne diese Substanz nicht mehr kann. Monatelang war es kein Problem, diesen Stoff nicht zu Hause zu haben, doch der Tag kommt, an dem genau diese Sachlage zum Problem wird. Man will ihn nämlich unbedingt zu Hause haben. Und so schleicht sich der erste Verdacht ein, dass es ohne die begehrte Substanz nicht mehr gehen könnte. Es fehlt etwas. Es fehlen die Zigaretten und der ganze Ablauf, mit dem man bereits vertraut ist: Der Griff nach dem Feuer, das Anzünden der Zigarette, das Knistern des verbrennenden Tabaks… Und exakt in diesem Moment realisiert man, dass dieses gewünschte Gefühl der Vertrautheit sich ohne Nikotin nicht einstellt. Es ist der Moment des bitteren Erwachens. Diesen „Point of no return" möchte ich nun als meinen Endpunkt der Reise noch ansteuern. Er liegt 27 Jahre zurück und steht für den reellen Beginn meines Suchtverhaltens. Ich kann mich sogar noch an den genauen Tag erinnern und weiß noch, um das Erstarren ob der Tatsache, dass ich gerade die letzte Zigarette aus dem Päckchen gezogen hatte. Ein bis dahin nicht gekannter Schauer muss mir in diesem Moment in die Glieder gefahren sein. Zumindest nahm ich an diesem Tag erstmals wahr, dass ich ohne Zigaretten ein kleines Problem mit meiner Stimmung haben würde. (Sie erinnern sich doch noch an den kleinen Spruch am Anfang des Buches: „Zigaretten im Haus…") Dieser Punkt bildet anderseits aber auch den Ankunftsort meines Schreibens ab und mit ihm geht auch das Ziel einher, langsam, aber sicher die langfristige Abstinenz von Zigaretten ins Auge zu fassen. Der Weg ist das Ziel! Das Buch ist beinahe vollgeschrieben...

5.1 School's out forever – Disziplin ist (nicht) alles

Also nehmen wir wieder Kurs und schließen neuerlich an die Zeit an, in der meine sekundäre Devianz auf Rekordhoch war und ich mich auf Bad Religion und New Balance konzentrierte, anstatt auf Noten und Disziplin. Die schulischen Leistungen wurden immer schlechter und die schlechten Noten spiegelten sich auch in meinem Verhalten wider. Waren vormals vergleichsweise harmlose Streiche an der Tagesordnung, so wuchsen diese Streiche sich jetzt aus. Fahrradlenker der Lehrer wurden abmontiert, die Feuerwehr wurde aus einer Laune heraus angerufen und eine WC-Muschel mit einem Korsar fast weggesprengt. Dabei darf ich zu meiner Verteidigung anmerken, dass die Feuerwehr damals nicht von mir, sondern von Böhm M. kontaktiert wurde. Der Grund des Anrufes war, dass der Physiksaal brennen würde. Unsere Physiklehrerin hätte sich angezündet und laufe darin herum. So in etwa war der Inhalt des Telefonats. Ich war aber zumindest anwesend zur Zeit dieses Anrufes, was mich demnach zum Mittäter macht.

Natürlich kam ich nach all diesen unüberlegten Sachen nicht ungestraft davon. Selbst von meinem Klassenvorstand hatte ich keinen Rückhalt mehr zu erwarten. Es wurde eine sogenannte Disziplinarkonferenz anberaumt, in der ich mich für mein Verhalten rechtfertigen musste. So eine Konferenz war immer eine ganz heiße Sache. Nicht viele *Delinquenten* an dieser Schule waren bisher in den fragwürdigen Genuss gekommen, solch einer Versammlung vom aufgebrachten Lehrkörper beizuwohnen. Die Direktorin und *alle* unterrichtenden Lehrer, nicht nur die eigenen, waren hier zugegen und es wurde Gericht gehalten über den Straffälligen – also mich. Dabei durfte jeder einmal das Wort ergreifen und sich so richtig empören über mich. Was für ein ausgekochtes Subjekt ich nicht sei und welch indiskutables Auftreten ich an dieser Schule nicht hätte. Damit war es dann aber auch bereits wieder vorbei. Sanktionen bestanden nach der ersten Konferenz lediglich in der graduellen Verschlechterung der Verhaltensnote und einem besonderen Augenmerk der Lehrkräfte auf mein weiteres Treiben. Spätestens jedoch, als ich Rainer S., dem Klassenarsch, relativ zügig einen Weltkartenständer aus Metall auf den Kopf knallen ließ, war es vorbei mit dem Durchhaltevermögen der Direktorin. Es wurde nur kurze Zeit später die zweite Konferenz abgehalten. Diesmal jedoch mit dem kleinen, kosmetischen Unterschied, dass die Verweigerung des Aufstieges in die nächsthöhere Klasse an dieser Schule diskutiert wurde. Ich hatte sogar einen eigenen Schülervertreter an meiner Seite. Doch dieser Typ war so eingeschüchtert von der keifenden Lehrerschar, dass er sein Heil lieber im Schweigen suchte. Ich hingegen sollte Antwort geben auf meine Verfehlungen. Ich sollte Stellung nehmen zu den Aktionen. Doch mir fehlten einfach die Worte. Ich brachte keinen Ton heraus. Was hätte ich auch sagen sollen? Dass mein Verhalten nur eine Strategie war, um soziale Kontakte zu generieren und „Anerkennung" von seinen „Freunden" zu genießen? Dass meine Verfehlungen Teil einer Taktik waren? Dass ich mich reiben *musste* an den Autoritäten? Keine dieser Antworten hätte mir in dieser Situation zum Vorteil gereicht. Deshalb beschloss ich auch zu schweigen und das Urteil sang- und klanglos über mich ergehen zu lassen. Es lautete, dass ich nur noch zwei Monate am Gymnasium Landwiedstraße verbringen dürfe und mir nach Schulschluss eine andere Schule suchen müsse. In diesem Moment wusste ich: „Matura ade, Eltern auweh´."

5.2 Lehrjahre sind keine Herrenjahre – meine Zeit als Großhandelskaufmann

Doch Sie werden es nicht glauben, ich habe auch so etwas wie Erleichterung verspürt. Ich war sogar froh darüber einen neuen Lebensabschnitt aufschlagen zu können, fernab dieser Schule. Ich war bereit mein neues Leben in Angriff zu nehmen. Ein Leben ohne wöchentliches Training, ein Leben mit neuen Menschen, ein Leben *für mich*. Im Gegensatz zu mir waren meine Eltern nicht ganz so euphorisiert, als ich ihnen vom Urteilsspruch erzählte. Ich denke, für sie ist in diesem Moment eine ganze Welt zusammengebrochen. Der eigene Sohn wird von der Schule verbannt, was in letzter Konsequenz einem Rausschmiss gleicht. Mein Vater reagierte sofort. Nachdem *ich* ihm ja zu verstehen gegeben hatte, dass der Traum vom Star nun endgültig ausgeträumt sei, gab *er* mir jetzt zu verstehen, dass meine schulische Laufbahn generell für mich beendet sein würde: „Deine Schullaufbahn kannst du abhaken. Ab jetzt wird gearbeitet und Kostgeld bezahlt", so seine finalen Worte in der Causa[58]. Und er zögerte auch gar nicht lange mit der Verwirkli-

---

[58]Kostgeld zu bezahlen hieß, jedes Monatsende für Essen und das Wohnrecht zu Hause einen Obolus in Form eines, von den Eltern festgesetzten Geldbetrags zu entrichten. In meinem Fall belief sich dieser Betrag auf 300 Schilling (ca. 20 Euro) im ersten Lehrjahr, 400 Schilling (ca. 30 Euro) im zweiten Lehrjahr und 500 Schilling (ca. 35 Euro) im dritten Lehrjahr.

chung seiner Drohung. Binnen kürzester Zeit hatte er einen Vorstellungstermin bei der Firma Schachermayer für mich eingefädelt.

Dieses Unternehmen zählte zu den größten Befestigungstechnik-Unternehmen europaweit und stellte jedes Jahr etwa zwanzig Lehrlinge im Bereich „Großhandel" ein. Der Lehrlingsbeauftragte dort war ein gewisser Günther R., der fortan mein neuer Schirmherr sein sollte. Er wies uns ein in die *geheimnisumwobene Welt der Schrauben und Türangeln*. Vor uns tat sich das *Zauberreich an Nägeln und Gewindestangen* auf, jede Abteilung der Firma ein wahres *Juwel mit Bolzen und Nieten*. Lange Rede, kurzer Sinn: Es war eine Zumutung! Der ganze Befestigungsdreck kotzte mich von der ersten Minute an. Noch dazu hatten die Arbeitskollegen permanent schlechte Laune, die Arbeitszeit kam mir im Vergleich zur Schulzeit viel zu lange vor und mein Verdienst belief sich auf knappe 200 Euro im ersten Lehrjahr. Auch hatten wir als Lehrlinge einmal wöchentlich in die Schule zu gehen, nämlich in die Berufsschule. Dass ich in solch einer Schule als Raucher bereits fast zur Mehrheit gehörte, war für mich jedoch eine ganz neue Erfahrung. Es kam mir so vor, als wäre die Schülerschaft hier genau das Gegenteil der Schülerschaft dort. Der Ton war rauer, die Themen belangloser und statt des Verwahrens der Schulbücher im Bankfach, wurden in selbigem schon Joints gedreht. Es kam hin und wieder auch vor, dass ein Schüler nach der Mittagspause betrunken in den Unterricht kam und auf die Minute wegpennte. Da war es nur gut, dass wir nur einmal in der Woche Schule hatten. Ansonsten würde es mit so manchem Lehrling wohl (viel früher) schlimm(er) geendet haben. Am meisten machten mir aber die Arbeitszeit und das niedrige Gehalt zu schaffen. Montag bis Donnerstag von 7.30 Uhr bis 16.30 Uhr, Freitag bis 14 Uhr – für 200 Euro abzüglich 20 Euro Kostgeld.

Da war es natürlich Vorgabe, dass man in seiner Freizeit den Rest des Gehalts so schnell als möglich unter die Leute brachte. Eine Lacoste Jacke um 160 Euro und eine anschließende Taxifahrt um 20 Euro nach Hause. Kein Problem für uns arbeitenden Jungs damals. Es gab nämlich etwas, das sich Kontoüberziehung nannte. Und wenn man eine nette Bankangestellte hatte, dann hatte man auch immer einen etwas höheren Überziehungsrahmen.

Außerdem hingen wir sonst an den Wochenenden meistens in Jugendclubs ab, wo man wenig Geld brauchte. Es ging vorrangig um das Pflegen der Kontakte, den Austausch mit Gleichartigen und das Reden über Alltagsprobleme. Jugendkultur eben. Für uns war ein Club, namens „Oase" am Linzer Bindermichl die Anlaufstelle für solch eine Kultur. Dort traf man sich, beredete alles, was einem an Ungerechtigkeiten in der Arbeit widerfahren war und schmiedete Pläne, was der Abend so bringen sollte. Einmal war es Nacktbaden im Hummelhofbad um die Mitternachtszeit. Ein anderes Mal mit ein paar Mädels die „Gesichter des Todes" auf Video 2000 anzusehen. (Natürlich mit dem Hintergedanken verbunden, dass die eine oder andere Auserkorene sich aus lauter Angst in die Arme von uns „Beschützern" flüchtete) Oder aber man fuhr abends mit der Vespa noch in das „Clash" (oder so wie ich, mit einer Puch Maxi).

Das „Clash" war eine Diskothek in Pasching und gehörte einem Typen aus der Zuhälterszene, der so unglaublich lispelte, dass man jedes dritte Wort nicht verstand. Er hieß Sigi G. und stand immer mit ernster Miene vor dem Eingang. Jedes Mal, wenn wir auf ihn zusteuerten, verfinsterte sich sein Blick zusehends und er winkte zumeist schon von weitem ab. Nicht aber an diesem Abend. Wie durch ein Wunder winkte „Der Graf", wie man ihn nannte, uns durch und seit langem sahen wir die Disco auch wieder einmal von innen. Es war toll hier. Glitzer und Glamour für Pubertierende. Überall sah man Gesichter, die man irgendwie zuordnen konnte. Einerseits dem eigenen Viertel und andererseits der Schule oder der Arbeit. Es war gerade die Zeit, in der Independent-Musik aus Amerika (Seattle) angesagt war und dieses Gefühl von Unabhängigkeit in uns aufgesogen, standen wir an der Bar. Pearl Jam auf den Plattentellern, ein kleines Bier in der linken Hand und in der rechten natürlich eine Zigarette. Ich war zu dieser Zeit noch das, was man einen Gelegenheitsraucher nennt.[59] Geraucht wurde gerade einmal am Berufsschultag oder eben bei solchen Gelegenheiten, wie sie sich im „Clash" boten. Da kam es dann schon vor, dass gerade Zigaretten als Eisbrecher dienten, sich bei den Mädels vorstellig zu machen. Kaum erblickte man das weibliche Geschlecht, stand man mit Argusaugen schon parat und bot bei der nächsten Gelegenheit gleich die nächste Zigarette an. Und weil man ja selbst auch rauchte, garantierte einem dieser Umstand bereits eine Redezeit von zumindest fünf Minuten mit der Auserwählten. Doch auch beim eigenen Geschlecht kam man mit dem Anbieten oder auch dem Fragen nach einer Zigarette leichter ins Gespräch. Diese Glimmstängel waren so etwas, wie kommunikative *Verbindungsbolzen*, deren Einsatz und Gebrauch zwei Teile zusammenfügten – so hätte es wahrscheinlich Günther R., unser Lehrlingscoach umschrieben. Doch wir wissen bereits seit B.F. Skinner und anderen Verhaltenspsychologen, dass dieses Lernen am Erfolg sehr wohl Einfluss nimmt auf das weitere potenzielle Abhängigkeitsverhalten

---

[59] Bitte nicht falsch verstehen: Es handelt sich um einen gelegentlichen Raucher und nicht um einen Raucher bei jeder Gelegenheit ☺

eines Menschen. Noch dazu, wenn dieser Mensch an solchen Abenden die Zigaretten beinahe gefressen hätte. Dies rächte sich meist erst am nächsten Tag, wenn ich mit verrauchtem Kopf in der Früh vor dem Spiegel stand und der erste Griff jener, nach einer Schmerztablette war. Aber ich war jung. Zu dieser Zeit konnte ich *drei Tage* am Stück unterwegs sein und brauchte *einen* Regenerationstag. Heute hat diese Relation für mich keinen Anspruch auf Gültigkeit mehr. Es ist ein *1:3 Verhältnis* geworden und man kann sich nicht annähernd mehr vorstellen, wie es je anders sein könnte. Doch damals war dies alles kein Thema für mich. Die Nächte waren für uns und die Tage gehörten den Firmenchefs. So auch in meinem Fall.

Günther wartete jeden Montagmorgen bereits an der Stempeluhr auf uns und begutachtete mit prüfendem Blick unseren Zustand. Er wusste genau, was wir an den Wochenenden immer so trieben. Dementsprechend die *Sorge*, einer von uns Lehrlingen könnte auf das Arbeiten vergessen haben und lieber das Bett im Restrausch hüten. Wenn dies der Fall war, gab es sofort einen Anruf aus der Personalabteilung zu Hause der zur Folge hatte, dass der Betroffene die verlorene Zeit einarbeiten musste. Ich gehörte aber nicht jenen Lehrlingen an. Dienstliche Versäumnisse brauchte ich wie einen Kropf. Mein Vater hätte mich aus dem Bett gezerrt und mich die Strecke vom Spallerhof bis in die Industriezeile laufen lassen. Ich durfte zu dieser Zeit seinen Unmut ohnehin nicht noch mehr auf mich ziehen. Dass ich rauchte, wusste in unserer Familie immer noch keiner. Also hieß es den Ball schön flach zu halten, um nicht aufzufallen. Doch wie es eben mit Bällen so ist, sie verfehlen öfters auch ihr Ziel. Die guten Vorsätze, künftig generell kürzer zu treten, hatten sich nur allzu schnell wieder verflüchtigt. Zu schnell hatte ich nämlich bemerkt, dass man sich zu seiner mageren Lehrlings-entschädigung noch ein paar Schilling dazuverdienen konnte. Und das jeden Arbeitstag. Mir war aufgefallen, dass die Lehrlinge der ersten beiden Lehrjahre von der übrigen Belegschaft immer zum Holen der Jause verdonnert wurden. Jede Vormittagspause muss-ten sie beim fliegenden Bäcker die Bestellungen abwickeln. Was lag da näher, als ihnen diese ungeliebte Arbeit abzunehmen und die Geschäfte fortan alleine abzuwickeln. Ich ging fortan jeden Tag mit dem Geld der Mitarbeiter zum Bäckerwagen und kam mit der be-stellten Jause wieder zurück. Das Geld für den Bäcker, die Ware für den Kunden – und für mich blieb zu meinem Vorteil auch immer etwas Bares über. Wie ich dieses Kunststück vollbracht habe, soll an dieser Stelle mein Geheimnis bleiben. Doch ich möchte betonen, dass dabei niemand finanziell zu Schaden gekommen ist!

Leider nahm unser Lehrlingscoach den Sachverhalt ein bisschen differenzierter wahr, als ich das tat. Er ortete in meinem Vorgehen einen groben Verstoß gegen die firmeninternen Richtlinien und beorderte mich umgehend in sein Büro. Seine Standpauke liegt mir heute noch in den Gehörgängen. Doch dem nicht genug machte Günther R. gleich Ernst und kontaktierte auch noch meinen Vater ob meines Vergehens. Dieser, hörbar genervt von was auch immer, drohte am anderen Ende der Leitung zu kollabieren. „Der soll nur heimkommen", stammelte er wiederholt in den Hörer und in die-sem Augenblick wusste ich, dass eine sehr schwierige Zeit auf mich zukommen würde. Und so war es dann auch. Ich verlor mei-ne Lehrstelle nach nur einem Lehrjahr. Unser Personalchef, Gün-ther R. hatte ein beinahe freudiges Lächeln unter seinem Bart, als er meine Kündigung unterzeichnete. Ein Lehrling weniger, der ihm ganze Nervenstränge kostete. Die Ironie an der ganzen Sache war, dass gerade Günther R. es war, der jahrelang die Firma über Hintertürchen geschädigt hatte. Er veruntreute nicht nur Gelder, sondern bereicherte sich überdies auch selbst an den Firmengewinnen. Mein damaliger Lehrlingsbeauftragter war kriminell. Und infolge der Kündigung durch einen Kriminellen, hatte ich keinen Job mehr. Dieser Versuch der Rechtfertigung meiner momentanen Lage war damals für mich persönlich ausreichend.

Meine Eltern hingegen sahen das erfahrungsgemäß anders. Für sie bedeutete meine Entlassung die bereits zweite Schmach binnen kürzester Zeit. Und jetzt war wirklich Feuer am Dach. Es hagelte ihrerseits nur so Verbote und Einschränkungen für mich und jede freie Minute musste ich mit dem Schreiben von Firmenbewerbungen verbringen. Keine Disco „Clash" mehr, keine Anwesenheit mehr in der „Oase" auf unbestimmte Zeit. Nur noch begrenzte Ausgehzeit und keine finanzielle Unterstützung. Die einzigen Lichtblicke zu dieser Zeit waren die sogenannten Meetings mit einigen Freunden vom Hof für mich. Wir hockten dann am Abend auf der Parkbank gegenüber vom Konsum und rauchten die eine oder andere Zigarette. Wir redeten über Lambrusco Sprudelwein, das Dr. Sommer Team im Bravo, den neuen Polini Auspuff für die Vespa oder die neue CD von den Stone Temple Pilots. Allesamt gute Themen für Gespräche unter Pubertierenden. Hin und wieder verlegten wir diese Aktivitäten auch auf den nahegelegenen Spielplatz. Und an einem Abend beschlossen wir dort auch, dass es an der Zeit wäre, seinem Leben eine neue Richtung zu geben. Wir wollten etwas ändern an unserem Leben. Wir wollten die Weichen neu stellen. Wir wollten etwas erleben, wir wollten – auf Urlaub fahren. Nicht getrennt, wie bisher. Nein, wir alle gemeinsam, so wie wir an diesem Abend da saßen. Zur selben Zeit an denselben

Ort und ein Stück Jugendgeschichte schreiben in einem fremden Land. Ein schöner Gedanke. Die Schwierigkeit für mich bestand lediglich darin, dass meine Eltern zu besagter Zeit so gar nicht aufgeschlossen waren für solche Gedanken. Deshalb war es für mich vorerst auch nur ein frommer Wunsch, den ich, ebenso wie das Faktum des Rauchens, für mich behielt. Als sich aber der Fall einstellte, dass zwei Firmen auf meine zahlreichen Bewerbungen geantwortet hatten, löste sich neben der angespannten Stimmung auch meine Zunge und ich unterbreitete meinen Eltern den Urlaubsplan. Zu meiner großen Überraschung reagierten die beiden damals sogar wohlwollend auf meinen Plan. Ich denke, sie sahen in meinem Vorhaben so etwas wie einen existenziellen Neubeginn für mich. Alle steilen und kurvigen Tennisquerelen, alle schulischen Verfehlungen, alle Rausschmisse und Enttäuschungen vergessen und gestrichen. „Von nun an geht der Weg geradeaus für den Jungen und so ein Urlaub mit seinen Freunden symbolisiert den guten Start auf der neuen Strecke", so wahrscheinlich ihre Gedanken. Mir sollte es auf jeden Fall recht sein. Ein unvergessliches Abenteuer zu haben, das hatte schon etwas für sich. Und so buchten wir einige Zeit später auch unseren ersten gemeinsamen Urlaub in Jesolo. Ich war damals gerade 16 Jahre alt und kannte Italien, neben Griechenland und Kärnten, bereits von unseren früheren Urlauben her. Doch das war nicht das Gleiche. Hier und jetzt nahm ich alles selber in die Hand. Ich wollte mich vor meinen Eltern beweisen. Ich wollte ihnen zeigen, dass ich von der Buchung, über die Bezahlung von meinem eigenen, selbst überzogenen Geld, bis hin zum Packen des Koffers alles im Griff hatte. Sie sollten sagen können: „Wenn er schon kein Tennisstar ist und keine Arbeit hat, dann kann er wenigstens toll Urlaub buchen."

5.3 Sommer, Sonne, Rauswurf – der erste Urlaub mit Freunden

Und so geschah es dann auch, dass wir eines Morgens zu fünft in einen Raml-Reisebus stiegen und losfuhren in Richtung *Bella Italia*. Die Vorfreude, eine Flasche Wodka Eristoff und drei Päckchen Memphis mit im Gepäck. Alles entwickelte sich prächtig. Wir waren fünf aufgekratzte Teenager, die ausrückten, Jesolo zu erobern. Kaum angekommen, erlebten wir jedoch gleich die erste kleine Ernüchterung. Unsere Zimmer waren allesamt veraltet, zu klein und rochen nach Tod. Und die Wände waren dermaßen dünn, dass man sie vermutlich mit einem gezielten Handkantenschlag zum Einsturz hätte bringen können. Diesem gänzlich unbefriedigenden Umstand wollten wir natürlich sofort Abhilfe verschaffen. Und so verlagerten wir die Aktivitäten unseres ersten Tages darauf, uns mit dem übrigen Wodka die Zimmer groß und schön zu trinken. Ich weiß noch, dass Jürgen F. und Nicole K. es waren, die bereits nach einer Stunde regungslos im Bett lagen. Volltrunken von Eristoff und jugendlicher Freiheit. Die nächsten beiden Tage verbrachten wir etwas ruhiger. Wir fuhren mit Tretbooten, aßen Kokosnüsse am Strand und erkundeten abends die lokalen Szeneörtlichkeiten.

Dabei ergab es sich, dass Stefan B. eines Abends nochmals zurück in unser Hotel musste, da er seinen Ausweis im Zimmer vergessen hatte. Ganz nach Musketier-Prinzip beschlossen wir mitzugehen und uns die Gehzeit mit dem einen oder anderen Bier etwas zu verkürzen. Leider waren wir relativ ortsunkundig, weshalb wir bereits sehr bald und sehr falsch an einer Kreuzung abgebogen sein dürften. Ich denke, wir haben an diesem Abend ganz Jesolo durchwandert. Doch mit Bier und genügend Zigaretten war das kein Problem für uns. Als wir nach einer gefühlten Ewigkeit unser Hotel erreichten waren zwei von uns bereits so betrunken, dass sie es aus eigener Kraft nicht mehr in die Zimmer schafften. Sie lagen verstreut auf den jeweiligen Gängen herum und lallten sich nur noch wirr zu. Wir übrigen drei Musketiere jedoch hatten noch genügend Energie, um die eine oder andere weitere Kaltschale zu kippen und ordentlich Krach in den Zimmern zu machen. Bis wir schließlich die Sirenen der *Carabinieri* hörten und noch in dieser Nacht vom Hotelbetreiber delogiert wurden. Nachbarn hatten sich beschwert, dass der von uns initiierte Lärm unerträglich sei. Kein Wunder, bei den dünnen Wänden☺. Aber wir hatten wirklich über das Ziel hinausgeschossen. Nicht nur, dass Christian K. seinem Bedürfnis, sich zu entleeren am Balkon freien Lauf gelassen hatte. Er zerlegte bei der Gelegenheit auch gleich das Balkongeländer mitsamt darauf stehenden Blumentöpfen. Ein Glück, dass in diesem Moment niemand die Straße kreuzte. Sonst würde Christian heute wahrscheinlich auf eine Haftstrafe im Jugendknast zurückblicken müssen. Und während der eine noch am Balkon wütete, übergab der andere sich schon auf dem Flur. Mit Geräuschen, dass man glauben konnte, ein Elch in der Brunftzeit sei am Werke. Und mit jeder Minute kam ein weiterer Brunftschrei dazu. So also sehe ich es heute als unsere verdiente Strafe an, dass wir augenblicklich des Hotels verwiesen wurden. Das war aber auch unser massives Problem. Es war so augenblicklich, dass wir nicht wussten, wo wir die weitere Nacht unterkommen sollten. In der Eile ein anderes Hotel zu finden war zu mühsam. Noch dazu in unserem Zustand! Das hätte unter Garantie in einem Déjà-vu-Erlebnis geendet. Also war nur der Strand mit seinen Liegestühlen die einzig denkbare Alternative. Dort wollten wir die übrigen Stunden bis Tagesanbruch verbringen, um dann über unser weiteres Vorgehen zu beraten. Wir kamen schließlich zu dem Entschluss, dass Nicole und ich die Heimreise nach Österreich antreten würden, während Christian sein Glück mit einer Entschuldigung beim Hotelchef versuchen wollte.

5.4 Die Heimreise aus dem (un)gelobten Land

So zogen Nicole und ich mit Sack und Pack hin zur nächsten Bushaltestelle in der Hoffnung, bald wieder Linzer Boden unter den Füßen zu spüren. Dass wir vorerst überhaupt eine zweistündige Busfahrt vor uns hatten, um an den nächsten Bahnhof zu gelangen, störte uns zu diesem Zeitpunkt noch relativ wenig. Wir strahlten nur so vor Optimismus. Auch eine kleine Prise Heimweh mischte sich bereits in diesen Erwartungszustand. Als wir nach einer eher durchwachsenen Fahrt am Bahnhof ankamen, trauten wir vorerst unseren Augen nicht. Das war kein *Bahnhof*, das war ein *Bahnsteig*. Und neben dem Bahnsteig war ein Bahnhofshüttchen, das nicht besetzt war. Es hatte beinahe etwas von einem Thriller. „Endstation Jesolo" oder ähnlich. Dieser Umstand änderte sich erst, als nach einiger Zeit völlig unverhofft ein anderer Reisender den Bahnsteig betrat. Es stellte sich nach kurzem Gespräch auf Englisch und vielen Gesten heraus, dass unser Regionalzug erst in achtzig Minuten einfahren würde und im Anschluss geschätzte vier Stunden bis zum Hauptbahnhof in Villach fahren würde. Dort sollten wir zur Weiterfahrt nach Linz umsteigen. Und dann würde es etwa nochmals vier Stunden dauern, bis wir den Schlüssel zu den eigenen vier Wänden im Schloss umdrehen könnten. Das war ein Schlag in die Magengrube für mich. Es war sieben Uhr und wir mussten noch über eine Stunde auf einen Bummelzug warten. Noch dazu hatte ich gerade meine letzte Zigarette aus der Packung geholt und angezündet. Ich glaube mich an eine erste kleine Phase aufkeimender Nervosität dabei erinnern zu können. Nicole nörgelte einstweilen unentwegt herum, dass ihre Eltern unter Garantie ausflippen würden. Sie würden sie sicher mit Fragen quälen, weshalb sie aus dem Hotel geschmissen worden sei und mit dem Zug durch die halbe Weltgeschichte reisen würde. Und letzten Endes bekäme sie den erhofften neuen Polini Auspuff für ihre Vespa mit Sicherheit nicht von ihnen gekauft. Und auch mir schossen die ersten unangenehmen Gedanken durch den Kopf: Wie sollte ich meinen Eltern die Tatsache meines dritten Rauswurfes innerhalb von siebzehn Monaten erklären? Wie würde ihre Reaktion ausfallen? Wie könnte ich den Vorfall etwas verharmlosen? Doch es gab nichts zu verharmlosen. Wir hatten uns zu weit aus dem Fenster gelehnt und waren mit voller Wucht am Boden der Realität aufgeprallt.

Als endlich der Zug einfuhr war unser vormaliger Optimismus bereits völlig verflogen. Missmutig schlenderte ich mit meinen beiden Koffern an den vollbesetzten Abteilen vorbei und war genervt von der Gesamtsituation. Der Urlaub war versaut, eine drohende Odyssee nach Hause stand bevor und was noch dazu kam: Es war nirgendwo in diesem Zug ein freier Platz. Die Leute standen oder lagen bereits auf den Gängen herum. Und ich tat es ihnen gleich. Mein Vorhaben war jedoch ausgefeilter, als jenes der anderen. Ich wollte so bequem als möglich liegen und nahm deshalb die beiden Koffer und zwei Klappsitze zur Hilfe. So konnte ich die lange Fahrt zumindest etwas entspannter über mich ergehen lassen und schlief sogar ein auf meiner selbstgezimmerten Unterlage. Dieser Schlaf war aber nur von kurzer Dauer. Schon bald merkte ich, dass mein Rücken sich seltsam durchbog und die Wirbelsäule drohte, momentan beim Hals auszutreten. Nach einem kurzen Griff an die Schmerzzone wusste ich auch sofort, was los war. Nicole hatte während meines Nickerchens meine Koffer gegen ihre beiden kleinen Rucksäcke ausgetauscht, um mir meine Idee zu stehlen und sich selbst besser platzieren zu können. Sie schlief an meiner Stelle tief und fest, während ich mit einem Bandscheibenvorfall und überdies mit dem aufsteigenden Verlangen nach einer Zigarette zu kämpfen hatte. Dabei hatten wir erst die Hälfte der Strecke zurückgelegt. Als wir schließlich die Grenze passierten und wieder im Heimatland waren, wurde es zumindest kurzzeitig wieder heller im Oberstübchen. Nun würde es nicht mehr allzu lange dauern, so dachte ich zumindest. Und bis zum Bahnhof in Villach hätte es auch wirklich nicht lange gedauert, wäre da nicht die unglückliche Tatsache eingetreten, dass wir prompt zehn Minuten vor Ankunft einem technischen Gebrechen erlagen. Der Zug hatte keinen Kontakt mehr zur Oberleitung und wir verbrachten weitere dreißig Minuten tatenlos auf offener Strecke. Nicole – immer noch schlafend und ich – leidend. Endlich erreichten wir gegen die Mittagszeit den Hauptbahnhof von Villach. Und dieser Bahnhof wurde seinem Namen schon eher gerecht. Überall Bahnsteige und Gleise, pfeifende Schaffner und Durchsagen am laufenden Band. Züge fuhren im Minutentakt in das Bahnhofsareal ein. Nur nicht unser Zug nach Linz. Der war planmäßig vor fünf Minuten abgefahren und befand sich bereits in der Nähe des Wörthersees. Nur mit dem Schönheitsfehler eben, dass *wir* nicht darin saßen. So blieb uns nichts anderes über, als erneut unser Sitzfleisch zu beanspruchen und zu warten.

5.5 Wem die Stunde schlägt – The point of no return

Und eben jenes Warten zur Mittagszeit am Bahnhof von Villach, möchte ich als letzten neuralgischen Punkt meiner Raucherreise deklarieren. Während dieser Wartezeit hatte ich erstmals bewusst das Gefühl, eine Zigarette rauchen zu müssen. Und zwar jetzt und hier. Und ich hätte in diesem Augenblick wirklich viel dafür getan, was ich letztlich auch tat: Ich kaufte mir das erste Mal in meinem Leben selbst ein Päckchen Zigaretten. Eine Schachtel *„Lucky Strike"* um 27 Schilling. Die Trafikantin verlangte weder Personalausweis noch Pass von mir. Und nachdem es damals kein Problem war im Bahnhof schon zu rauchen, qualmte ich natürlich auch gleich die erste selbstgekaufte Zigarette dort. Und ich war „lucky again". Es musste sich damals das Gefühl von Entspannung und Erleichterung nach all den Strapazen bei mir eingestellt haben. Auch Nicole griff zu. Und so standen wir da, wie im „Clash" an der Bar. Doch diesmal war es irgendwie anders. Diesmal rauchten wir nicht, um cool zu wirken oder um in Kontakt zu kommen. Es war keiner dieser Momente der Unbeschwertheit. Dieses Mal rauchten wir, weil wir es nötig hatten zu rauchen. Ich zumindest. Ich verspürte erstmals das Gefühl des *„Brauchens"* und das unangenehme Gefühl des *„Nicht-Habens"*. Und mir war augenblicklich bewusst, dass die momentane Lösung nur in der Verfügbarkeit von Tabak liegen konnte.

So muss ich zu meiner Schande eingestehen, dass Hurrelmann in meinem Fall Recht behalten hat. Was man vorerst hin und wieder nur strategisch und aus Coolness heraus macht, wechselt irgendwann zur Gewohnheit. Und ehe man sich versieht findet man sich – gierend nach Zigaretten – auf einem Bahnhof in Kärnten wieder.

Wissend, dass die nächste Grenze überschritten ist. „You never see the point of no return", heißt es in einer Textzeile von Bruce Dickinson (Iron Maiden). Und ebenso wenig bemerkt man ihn auch. Unsichtbar und still kommt er daher. Zuerst 1 Zigarette am Tag, dann 20 in der Woche, dann 10 Päckchen im Monat und schließlich 40 Stangen im Jahr. Und dabei hat man sich mindestens ein Dutzend Mal geschworen, dass man bald aufhört oder zumindest den Konsum wieder einschränkt. Pustekuchen! Die Abhängigkeit wartet nicht mit Pauken und Trompeten auf, sodass man sich einstellen könnte auf sie. Sie kommt schleichend daher und lässt nur wenig Platz für schnelle Erkenntnisse. Vielmehr zeigt sie sich erst, wenn es zu spät ist und man bereits in der sprichwörtlichen Geige hängt. So wie das Nikotinverlangen sich mir an diesem Bahnhof unmissverständlich gezeigt hatte. Ab diesem Zeitpunkt war der Bann endgültig gebrochen und ich könnte mich nicht daran erinnern, dass ich seit diesem Tag jemals länger als zwei Wochen nikotinfrei war. An den Gleisen von Villach ist es passiert. Hier habe ich meine Unschuld vollends verloren und mich dem Dunstkreis der Millionen von Rauchern angeschlossen. Der Anfang eines neuen, traurigen Kapitels im Leben eines gefallenen Tennistalents. Dies das Fazit, das an diesem letzten neuralgischen Punkt gezogen werden darf. Mehr dazu zu sagen, wäre überflüssig. Für mich persönlich bedeutet das, dass meine Reise zu den Haltestellen der Vergangenheit damit abgeschlossen ist. Ich habe die für mich relevanten Erlebnisse und Theorien aufgearbeitet und mir Klarheit verschafft, über die möglichen Gründe meines Abhängigkeitsverhaltens. Ob es mir nun nach all den Jahren gelungen ist, mich aus diesem Kreis wieder gelöst zu haben, soll an dieser Stelle noch kurz offen bleiben…

6 Schluss

W"enn einer eine Reise tut, dann kann er was erzählen." Was also habe ich von meiner kleinen Reise zu berichten? Ich habe einige Punkte angesteuert, die allesamt geeignet scheinen mein Problem in seinen Ansätzen zu erklären. Die Genetik beschreibt mein Nikotinverlangen als möglichen biologischen Defekt. Freud weist mich als traumatisiertes Baby aus, das einen Verlust kompensieren möchte. Bandura zufolge könnte meine Abhängigkeit daher stammen, dass ich ein menschliches Modell aus der Kindheit imitiere und Becker meint, dass die Brandmarkung der Gesellschaft der Auslöser sein könnte.

Mein Resümee lautet, dass keiner dieser Ansätze nur für sich allein genommen, das Gesamtbild beschreiben kann. Monokausale Erklärungen erweisen sich hier als Wunschgedanke. Man kann das Abhängigkeitsverhalten eines Menschen nicht an seinen Genen allein, nicht an seinen verfehlten Kindheitsbedürfnissen allein, nicht seinem Lernen am Modell oder der Etikettierung der Gesellschaft allein erklären. Erst im multifaktoriellen Zusammenspiel wird das Gesamtbild erkennbar. Dabei ließe sich dann natürlich trefflich streiten, welcher Anteil jedem dieser Faktoren gebührt und ob sie gleich nebeneinanderstehen. Ein Genetiker würde, wie bereits erwähnt, zwischen 70% und 90% für sich beanspruchen. Doch solcherart Diskussionen sollen hier nicht Gegenstand sein. Es reicht zu wissen, dass es überhaupt wissenschaftstheoretische Ansätze im Versuchssinn gibt. Nichts wäre schlimmer, als beim Schreiben dieses Buches in Erfahrung bringen zu müssen, dass seine Abhängigkeit gar nicht erklärbar sei. Nicht auszumalen! Man würde sich fühlen, wie ein Patient für dessen Krankheit es noch keinen Namen gibt. Unsicherheit und Angst würden sofort um sich greifen. Ein Gefühl des Alleinseins würde sich einstellen. Und man würde sich erst wieder wohler fühlen, wenn neben dem Krankheitsbild endlich auch die Bezeichnung der Krankheit bekannt sein würde. Die Leiden blieben natürlich bestehen, aber das Kind hätte endlich einen Namen. Und so in etwa sieht es auch in meinem Fall aus. Für mich ist es wichtig zu wissen, dass mein Abhängigkeitsverhalten wissenschaftlich erklärbar ist. Und alleine für diese Erkenntnis hätte es sich schon gelohnt die Reise in meine Vergangenheit zu bestreiten.

Doch auch viele schöne Erinnerungen an meine Kindheit und Jugend sind auf der Wegstrecke wieder aufgetaucht. Sehr viele schöne Erinnerungen sogar. Urlaube am Wörthersee, Elektrobootfahren in Klaus, Kipferl backen mit der Mutter und Tischtennisspielen im Hof mit dem Vater. Alles lang zurückliegende Erlebnisse, die mir bewusst gemacht haben, dass ich eigentlich eine erfüllte Kindheit gehabt habe. Auch wenn das eine oder andere geschilderte Ereignis in diesem Buch etwas anderes vermuten lassen könnte, so hatte ich doch eine glückliche Kinderstube. Ob ich dieses Glück und diese Erfüllung in Form einer Zigarettenabstinenz nun nach dem Schreiben dieses Buches zurückerlangt habe, steht natürlich auf einem anderen Blatt Papier.

Schöne Erinnerungen sind das eine. Das Rauchen aufzugeben ist das andere. Die Intention lag ja schließlich im Verzicht auf Tabak nach der letzten geschriebenen Seite. Ich mache es an dieser Stelle kurz und darf Ihnen mitteilen, dass ich es nicht geschafft habe, mich gänzlich den Fängen des Nikotins zu entziehen. Ich zähle mich nach wie vor noch zu denjenigen, die ihr Auto am Sonntagmorgen zum Zigarettenautomaten lenken. Fehlende Nikotinpflaster, keine Nadel im Ohrläppchen oder Stress im Alltag – es wären viele Gründe für meine Fortsetzung denkbar. Doch unter dem Strich, und das ist die Quintessenz, habe ich es nicht geschafft gänzlich aufzuhören. Was ich jedoch geschafft habe, ist zumindest meinen Konsum reduziert zu haben. War es vor Beginn dieser Reise noch ein Päckchen am Tag, so habe ich seitdem begonnen, sukzessive weniger zu qualmen. Die Anzahl an Zigaretten hat sich mittlerweile fast halbiert. Und das konstant seit bereits über zwei Monaten. Das ist rekordverdächtig. Ob ich es aber jemals schaffe vom Tabak völlig loszukommen, kann ich mir selbst nicht versichern. Es wäre langfristig betrachtet sicher noch Luft nach oben, doch vorerst zählt für mich etwas ganz anderes. Die weitaus bessere Nachricht nämlich lautet in diesem Moment für mich: Auch wenn ich noch rauche, so habe ich es zumindest geschafft ein Buch zu schreiben. Meine literarischen Vorgaben sind somit erfüllt und eingehalten worden. Und das zählt doch auch ein bisschen. Es war schließlich ein ganzes Stück harte Arbeit, von der Recherche angefangen, über die Rekonstruktion der Vergangenheit, bis hin zum Abtippen des Lebens auf dem Computer. Nichts in diesem Prozess hat sich *einfach* gestaltet. Es war stellenweise *einfach* nur mühsam. Dementsprechend froh bin ich auch, nun auf den letzten Seiten gelandet zu sein. Und auch wenn der Wille zum Schreiben sicher öfter im Keller war, so hat es schlussendlich doch gereicht für eine kleine Autobiografie eines Rauchers. Dafür habe ich mir unter Garantie eine kleine Belohnung verdient. Das schreit doch nach einer Zigarette oder?

Anhang

H ätten Sie gewusst, dass...

- ...pro Tag etwa 30 Menschen weltweit ihr Raucherbein amputiert wird?[60]
- ...die weltweit beliebtesten Zigarettenmarken die amerikanischen Labels „Marlboro", „Camel", „Kool" und „Kent" sind. Diese Marken machen weltweit rund 70% des gesamten Umsatzes mit Zigaretten aus?[61]
- ...Nichtraucher statistisch gesehen pro Jahr um 9 Tage mehr arbeiten als Raucher?[62]
- ...in Österreich jeden Tag eine Person infolge Passivrauchens stirbt?[63]
- ...jeden Tag etwa 4 Oberösterreicher an den Folgen des Tabakkonsums sterben? Das macht etwa 1500 Nikotintote in Oberösterreich pro Jahr[64]
- ...der chinesische Markt mehr Zigaretten verbraucht, als alle anderen Länder der Welt mit niedrigem und mittlerem Ein kommen?[65]
- ...jede weltweit fünfte Zigarette aus Schmuggelgut stammt?[66]

---

[60]Vgl. https://www.wunderweib.de/10-erschreckende-fakten-ueber-das-rauchen-5310.html
[61]Vgl. https://www.rauchfrei-werden.at/30-faszinierende-fakten-ueber-rauchen/
[62]Vgl. https://www.radiohamburg.de/Nachrichten/Deutschland-und-die-welt
[63]Vgl. https://www.n-tv.de/politik/dossier/Rund-ums-Rauchen-article12037.html
[64]Vgl. https://www.krone.at/512588
[65]Vgl. https://www.krone.at/512588
[66]Vgl. https://www.n-tv.de/politik/dossier/Rund-ums-Rauchen-article12037.html

- …Zigaretten die weltweit häufigsten Müllteile in den Meeren sind?[67]
- ….die Feinstaubbelastung eines Diesel PKW im Leerlauf für 30 Minuten geringer ist, als die Belastung von 3 gerauchten Zigaretten?[68]
- …die Relation von tödlichen Verkehrsunfällen und Rauchertoten weltweit 1:14 beträgt?[69]
- …alle 120 Tage in Europa rund 200 000 Menschen infolge Tabakkonsums sterben? Das ist etwa die Einwohnerzahl von ganz Linz. [70]

---

[67]Vgl. https://www.krone.at/512588
[68]Vgl. https//www.google.at/search?safe0fakten+zum+thema+nikotin
[69]Vgl. https//www.google.at/search?safe0fakten+zum+thema+nikotin
[70]Vgl. https://www.drogen-aufklaerung.de/fakten-zu-tabak

Literaturverzeichnis

aus Büchern:

Frankl V. (1946): *…trotzdem Ja zum Leben sagen*. Drei Vorträge. Deuticke, Wien

Turda M. (2010): *Modernism and Eugenics*. New York.

Stryer L. (1996): *Biochemie*. 4. Auflage, Spektrum, Heidelberg - Berlin - Oxford

Dupre' B. (2014): *Philosophie – 50 Schlüsselideen*. Springer Verlag.

Fend H. (2003): *Entwicklungspsychologie des Jugendalters*. Verlag für Sozialwissenschaften.

Berlyne D. E. (1974): *Konflikt, Erregung, Neugier. Zur Psychologie der kognitiven Motivation*. Klett-Verlag Stuttgart (Original 1960)

Bandura A. (1991):*Sozial-kognitive Lerntheorie*. Klett-Cotta Verlag, Stuttgart.

Bauer M. (1979): *Verhaltensmodifikation durch Modellernen*. Kohlhammer.

Bandura A. (1976): *Lernen am Modell. Ansätze zu einer sozialkognitiven Lerntheorie*. Klett-Cotta Verlag, Stuttgart.

Rettenwender E. (2016): *Psychologie*. Veritas Verlag.

Danko D. (2011): *Zur Aktualität von Howard S. Becker. Einleitung in sein Werk*. Springer VS, Wiesbaden.

Becker H. (1973): *Außenseiter – Zur Soziologie abweichenden Verhaltens*. Frankfurt am Main

Kühnle A., Ertl A. (1998): *Probleme der Kriminalpsychologie*. Berlin.

Engel U., Hurrelmann K. (1989): *Psychosoziale Belastung im Jugendalter*. Verlag De Gruyter,.

Hurrelmann K., Bründel H. (1997): *Drogengebrauch – Drogenmissbrauch*. Primus Verlag, Darmstadt.

Hurrelmann K. (1994): *Lebensphase Jugend. Eine Einführung in die sozialwissenschaftliche Jugendforschung*. Juventa, Weinheim/München.

Engel U., Hurrelmann K. (1994): *Was Jugendliche wagen*. Juventa, Weinheim/München.

aus Fachzeitschriften:

Ruse M. (2005): *The Evolution-Creation Struggle*. Harvard University Press.

Huber L. (2015): *Histologie und Embryologie*. Institut für Anatomie, Medizinisches Universitätsblatt Innsbruck.

Fachjournal (2013): *National Geographic*. Heft 1.

Ibanez-Tallon I. (2011) in der Fachzeitschrift: *Neuron.*, 70/3.

Fachjournal (2006): *Neuropsychobiology*. Band 56.

Fachjournal (2010): *Nature Genetics*. Vol. 42/5.

Minematsu N., Nakamura H., Furuuchi,M., Nakajima T., Takahashi S., Tateno H., Ishizaka A. (2006): *European Respiratory Journal*. Vol. 27..

Boomsma D., Busjahn A., Peltonen L. (2002): *Classical twin studies and beyond*. Nature Reviews Genetics 3.

aus dem Internet:

https://de.wikipedia.org/wiki/Die_purpurnen_Flüsse (Film) (letzter Zugriff: 28.10.2018)

https://www.planetwissen.de/natur/anatomie_des_menschen/vererbung/pwiegeschichtedergenetik100.html (letzter Zugriff: 30.10.2018)

http://www.faz.net/aktuell/wissen/leben-gene/rauchen-genetische-faktoren-von-nikotinabhaengigkeit-1670254.html (letzter Zugriff: 03.11.2018)

https://flexikon.doccheck.com/de/Chromosom_11 (letzter Zugriff: 03.11.2018)

https://www.maveracream.net/2011/04/27/genetische-disposition-von- suchtkrankheiten (letzter Zugriff: 27.12.2017)

https://de.wikipedia.org/wiki/Hospitalismus (letzter Zugriff 18.11.2018)

https://www.vaterfreuden.de/vaterschaft/baby-bis-1-jahr/was-ist-eigentlich-die-orale- phase (letzter Zugriff: 24.11.2018) https://www.wunderweib.de/10-erschreckende-fakten-ueber-das-rauchen-5310.html (letzter Zugriff: 28.06.2018)

https://www.rauchfrei-werden.at/30-faszinierende-fakten-ueber-rauchen/ (letzter Zugriff: 19.03.2018)

https://www.radiohamburg.de/Nachrichten/Deutschland-und-die-welt (letzter Zugriff: 16.08.2018)

https://www.n-tv.de/politik/dossier/Rund-ums-Rauchen-article12037.html (letzter Zugriff: 15.04.2018)

https://www.krone.at/512588 (letzter Zugriff: 15.04.2018)

https//www.google.at/search?safe0fakten+zum+thema+nikotin (letzter Zugriff: 28.06.2018)

https//www.google.at/search?safe0fakten+zum+thema+nikotin (letzter Zugriff: 19.03.2018)

https://www.drogen-aufklaerung.de/fakten-zu-tabak (letzter Zugriff: 04.11.2018)

Zeitfracht Medien GmbH
Ferdinand-Jühlke-Straße 7
99095 Erfurt, Deutschland
produktsicherheit@kolibri360.de